»Die Speisen, die bereits unsere Urgroßmütter zubereitet haben, sind auch heute noch von unschätzbarem Wert für uns. Denn wir haben nie vergessen, dass die Art, wie wir mit Liebe und Sorgfalt zubereitetes Essen gemeinsam genießen, uns als Menschen und Nation ausmacht und verbindet.«

Das große
ITALIEN BACKBUCH

Das große ITALIEN BACKBUCH

Pizza, Pane, Dolci und Co.

ANDREA MENICHELLI
SVENJA MATTNER-SHAHI
BRITTA WELZER

EMF
EIN BUCH DER
EDITION MICHAEL FISCHER

INHALT

BISCOTTI - KEKSE 121

TORTE & DOLCI - KUCHEN, TORTEN & CO. 167

TEA-ROOM

PASTICCERIA – SÜSSE KLEINIGKEITEN 217

LE FESTE – FESTTAGSGEBÄCK 271

VORWORT

Liebe Leserinnen und Leser, liebe Bäckerinnen und Bäcker,

Warum ein Standardwerk über die italienische Backkultur? Italien ist ein junges Land mit antiken Wurzeln und jahrtausende alten kulinarischen Traditionen. Noch bis vor knapp 160 Jahren bestand das Land aus etlichen Königreichen, Fürsten- und Herzogstümern, Ländereien, deren Völker nicht immer viel Möglichkeiten zum Austausch hatten, insbesondere nicht das ärmere ländliche Volk, welches jedoch das, was wir gemeinhin als Kochkultur bezeichnen, am meisten beeinflusst hat.

Eben deshalb sind die noch heute überlieferten Rezepturen derart vielfältig, und die Anzahl der möglichen Zutatenkombinationen so gut wie unbegrenzt. Anders als heutzutage musste man einst das verarbeiten, was auf den Feldern ringsrum gedieh – so nutzte man im Norden Italiens Roggen, Mais und Buchweizen, im Süden alte Hartweizensorten wie die Tumminia, worüber selbst Goethe in seiner „Italienischen Reise" berichtete.

Hier werden Sie einen Eindruck über die verschiedensten Backkreationen vom Südtiroler Schüttelbrot bis zu den Cannoli, von der Pizza Napoletana bis zur Fugassa erhalten.

Aber jetzt ans Werk! Viel Freude und Spaß beim Backen wünscht Ihnen

Andrea Menichelli

P.S. Ein ganz besonderes Dankeschön möchte ich an dieser Stelle meiner Stiefmutter Elisabetta Girolami aussprechen, die Sie mit so viel Liebe und Wissen durch die Berufsbilder und italienische Lebenskultur begleiten wird und natürlich an meinen Partner Michael Huber dafür, dass er mich durch dieses und viele andere Projekte begleitet!

WARENKUNDE

Sie werden es beim Lesen schnell feststellen: Die italienische Backkultur trägt den Geschmack ursprünglicher Zutaten. Wer aus einer geschmacklich komplexen und oft überwürzten mitteleuropäischen Küche das erste Mal in die Welt der italienischen Küche eintaucht, wird mit der Einfachheit und zugleich Noblesse von wenigen ausgewählten Zutaten konfrontiert: Neben dem klassischen Weizenmehl sorgen „körnigere" Sorten wie Maismehl oder Hartweizengrieß für den besonderen „Biss" im Teig, dazu kommen die typischen Zutaten aus den einzelnen Regionen wie kandierte Orangen, gekochter Weinmost oder Bittermandel, die mit den puren Geschmäckern in einem empfindlichen Gleichgewicht gepaart werden. Damit Sie so richtig loslegen können, empfehle ich Ihnen daher die Anschaffung einiger wichtiger Grundzutaten.

DIE WAHL DES RICHTIGEN MEHLS

Damit Sie auch zu Hause ein authentisch italienisches Backerlebnis haben können, ist die Auswahl der Mehlsorten genauso wichtig wie Ihre Fertigkeiten beim Kneten. Wichtig sind folgende Parameter: die Getreideart (Weich- oder Hartweizen, Dinkel, Roggen), der Mahlgrad (Vollkorn, 2, 1, 0, 00 – in Deutschland Type 1050 bis 405), die Mahlart (Stein oder Zylinder) und der Eiweißgehalt.

STARKE UND SCHWACHE MEHLSORTEN

Beim Mehl unterscheidet man „schwache" und „starke" Sorten. Grundlage für das gelungene Aufgehen eines Teigs ist eine ausreichend starke Glutenmasche, die die beim Aufgehen gebildeten Gase beim Backen bindet. Je mehr Gluten ein Mehl beim Kontakt mit Flüssigkeiten bildet, umso stärker ist es. Glutenfreie Mehle wie Reis-, Mais- und Buchweizenmehl sind also schwache Mehle. In der Vergangenheit war das Raffinierungsverfahren von Mehl eine komplexe und teure Angelegenheit, insofern waren feine Weißmehlsorten etwas für die Wohlhabenderen. Des Weiteren entstanden gerade aus diesen raffinierten Mehlen besser aufgehende Hefeteige, weil sie Zucker schneller umwandeln können. Gleichzeitig hatte man dadurch ein nährstoffarmes Produkt geschaffen, das auf die hochwertigen Nährstoffe der Kornschale verzichtete.

Der W-Index

Die Stärke eines Mehls drückt man mit dem sogenannten W-Index aus: Er bezeichnet die Fähigkeit eines Mehls, langen Aufgehzeiten, mechanischer Verarbeitung sowie dem Abbau der eigenen Glutenmasche durch Lipide und Zucker zu widerstehen. Je höher der Glutengehalt und damit der W-Wert, desto mehr Wasser kann der jeweilige Teig aufnehmen und umso elastischer wird er. Die Hefegährung benötigt dadurch allerdings oft mehr Zeit, und der Teig bedarf längerer Ruhezeiten (mitunter bis zu 18 Stunden). In diesen Fällen muss man häufig auch mit einem Vorteig (*biga*) arbeiten. Mehl mit einem hohen W-Wert ist also notwendig bei allen Backwaren, die stark gehen müssen (z. B. bei Brot, Panettone, Pizza). Damit der Teig luftig und formstabil wird, sollte der Anteil an starkem Mehl bei 70–100 % liegen. Der restliche Anteil kann je nach Zubereitung durch andere Mehlprodukte, wie Vollkorn-, Buchweizen-, Roggen-, Hafer-, Hirse-, Reis- oder Maismehl gebildet werden. Obwohl Dinkel zu den schwachen Mehlsorten zählt, erweist sich sein Mehl mit einem hohen Anteil (bis zu 40 %) ebenfalls als sehr geeignet für einen guten Hefeteig. Für einfachere Teige wie Plätzchen- oder Mürbeteig ist ein Mehl mit einem niedrigeren W-Wert vollkommen ausreichend. Das deutsche Weizenmehl (Type 405) dürfte bei einem W-Wert von etwa 150 liegen, das Weizenmehl (Type 550) liegt etwas höher. Die Rezepte sind auf diese Besonderheiten angepasst, sodass Sie sich über die Wahl des richtigen Mehls keine Gedanken machen müssen. Ich ermutige Sie jedoch, sich damit zu beschäftigen, da die Wahl des richtigen Mehls einen entscheidenden Einfluss auf die Qualität Ihrer Backwaren haben wird.

W-INDEX	P/L	EIWEISS-GEHALT (G)	VERWENDUNG
90-130	0,4-0,5	9-10,5	Kekse
130-200	0,4-0,5	10-11	Grissini, Cracker
170-220	0,45	10,5-11,5	Hefeteige mit kurzer Aufgehzeit (wenn's schnell gehen muss)
220-240	0,45-0,5	12-12,5	Weißbrot mit jungem Bigateig (5–6 Stunden)
300-310	0,55	13	Komplexere Brote mit Biga vom Vortag
340-400	0,55-0,6	13,5-15	Luftige Brötchen, Cornetti, Panettone, Pandoro … und als Anteil für Pizza

** der Wert P/L bezeichnet das Verhältnis zwischen Zugfestigkeit und Elastizität eines Teigs und wird am Alveographen von Chopin gemessen*

Quelle: www.lievitonaturale.org

GETREIDESORTEN

Weizenmehl

Wer sich mit der Welt der italienischen Mehle zum ersten Mal vertraut macht, wird schnell feststellen, dass es einige Unterschiede zu den deutschen Mehltypen gibt, und teils machen es die unterschiedlichen Bezeichnungen auch nicht ganz einfach. Daher wollen wir hier zum Einstieg etwas Licht ins Dunkel bringen:

Hartweizenmehl (semola rimanciata di grano duro)

In Deutschland unterscheidet man zwischen Mehl und Grieß anhand der Größe der Körner – größere Körner werden als Grieß, alles, was feiner gemahlen ist, wird als Mehl bezeichnet. Dabei ist es egal, woraus es gemahlen wurde. In Italien hingegen wird nach dem Ausgangsmaterial unterschieden. Alles, was aus Weichweizen gemahlen wird, nennen die Italiener „farina", während alles aus Hartweizen (*grano duro*) als „semola" bezeichnet wird. Zusätzlich wird bei Hartweizenmehl zwischen „semola rimanciata" (erneut gemahlen) und „semola grossa" (ein gröberes Mahlgut, das man mit Grieß gleichsetzen könnte) unterschieden. Hartweizen benötigt idealerweise ein sonniges Klima. Daher galt bereits in der Antike Süditalien und vor allem die Region Apulien als „Kornkammer Italiens". Es ist besonderes aufgrund seines hohen Eiweißgehaltes und den damit verbunden Klebeeigenschaften sehr beliebt und eignet sich daher besonderes gut für die Herstellung von Pasta; vor allem im Süden wird es aber auch für die Herstellung von Pizza, Focaccia und Brot verwendet. Als Alternative zum *semola rimanciata di grano duro* können Sie auch den hier erhältlichen Hartweizengrieß zurückgreifen, er ist jedoch deutlich gröber gemahlen als die italienische Variante. Je nach Rezept können sie diesen auch mit Weichweizenmehl mischen, um eine feinere Teigstruktur zu erhalten.

Weichweizenmehl

Auch die Einteilung der Weichweizenmehlsorten ist in Italien etwas anders als in Deutschland. Weichweizen wird in die Klassen tipo 00, tipo 0, tipo 1 und tipo 2 unterteilt. Dabei entspricht das tipo 00 in etwa der deutschen Mehltype 405, tipo 0 der Type 550. Für Pasta, Pizza und Feingebäck nimmt man meist tipo 00, für italienische Brote tipo 00 oder 0. Weichweizenmehl wird eher in den nördlicheren Gebieten Italiens kultiviert. Um hier, im Gegensatz zum Hartweizen, die notwendigen Klebeeigenschaften für einen Teig zu erreichen, wird Ei hinzugegeben. Dann kann man aus Weichweizenmehl allerlei leckere Gebäcke wie Cantuccini, Ricciarelli und Pandoro zubereiten. Da die typisch italienischen Mehlsorten mitunter nur schwer in Deutschland zu erhalten sind, habe ich versucht, die Rezepte auf die hiesigen Mehlsorten anzupassen und trotzdem ein authentisches Ergebnis zu erzielen. Wer möchte, darf aber natürlich auch die italienischen Mehle verwenden!

Manitobamehl

Relativ geläufig in ganz Italien, aber besonders wichtig in der mittelitalienischen Backstube, ist die Verwendung von Weichweizenmehl mit hohem Eiweißanteil. Das, was früher tatsächlich im kanadischen Bundesland Manitoba nach dem allgegenwärtigen Geist Manitou der Indianer unter dem Namen „Manitoba-Weizen" angebaut wurde, ist eine sehr widerstandfähige und frostresistente Ähre. Mittlerweile bezeichnet man mit „Manitoba" jedes Weichweizenmehl, dessen W-Index den Wert 350 übersteigt, egal von welcher Weizensorte und aus welchem Anbaugebiet. Es handelt sich um ein glutenreiches und stärkearmes Mehl, das insbesondere bei Hefeteigen für einen stabilen Volumenzuwachs sorgt, also bestens geeignet für das Backen von Pizza, Ciabatta, Cornetti oder Panettone ist.

Roggenmehl

Roggen in seiner wildwachsenden Variante ist eines der ältesten Getreide in der Geschichte der Menschheit. Besonders geeignet für karge Bergregionen und ein kälteres Klima, fasste er Dank seiner widerstandsfähigen Eigenschaften Fuß in den alpinen Regionen und nördlich davon. Im Gegensatz zum klassischen Weißbrot kann Roggenbrot mit einer längeren Haltbarkeit aufwarten und ist daher ideal für rustikale Brote wie Vinschgauer und Schüttelbrot.

Maismehl

Der Mais ist eine Getreideart, die ursprünglich aus Mittelamerika stammt. In Europa wurde er zuallererst von den spanischen Moriscos angebaut, die größten Verehrer fand die Pflanze jedoch auf dem Balkan. Von dort aus verbreiteten sich die goldfarbenen Körner auch nach Italien und erhielten den heutzutage noch geläufigen Namen „granturco" (etwa: türkischer Weizen). Insbesondere in Norditalien wird das Maismehl seither zu Polenta, Keksen und Brot verarbeitet und verleiht Backwaren eine schöne gelbe Farbe sowie eine kernige Struktur. Maismehl diente lange Zeit auch der Bekämpfung des Hungers in weiten Teilen der Bevölkerung.

Kastanienmehl

In Italien lebten früher ganze Regionen von Esskastanien. Dank seines natursüßen und feinen Geschmacks eigenet es sich hervorragend zum Backen von Brot, Kleingebäcken, Kuchen und Pfannkuchen – zudem ist es glutenfrei! Ein besonders typisches Gebäck aus Kastanienmehl ist z. B. der toskanische Castagnaccio. Wer Kastanienmehl zum ersten Mal verwendet, für den ist der Geschmack womöglich etwas gewöhnungsbedürftig. Deshalb genießt man einen Castagnaccio beispielsweise am besten in Kombination mit etwas Herzhaftem wie kräftigem Käse oder Ricotta.

Kichererbsenmehl

Vielleicht überrascht es Sie, dass ich auch dieses Mehl hier aufführe, wird es doch klassischerweise nicht mit der italienischen Küche verbunden. Tatsächlich ist es aber nötig für einige regionale Spezialitäten wie die Farinata de Ceci, ein ligurisches Fladenbrot, oder die köstlichen Panelle, Kichererbsenomeletts aus Sizilien, die man traditionell in einem Brötchen isst.

WEITERE ZUTATEN

Zucker
Etwas gesünder als der gängige Haushaltszucker (aber nicht ärmer an Kalorien) ist Vollrohrzucker, also Zucker, der auf eine sehr schonende mechanische Weise aus Zuckerrohr hergestellt wird. Einziger Nachteil: So wie bei Kaffee- oder Kakaobohnen gibt es hier viele Sorten von Zuckerrohr. Der unterschiedliche Eigengeschmack der Zuckersorten kann daher mitunter auch den Geschmack der Speisen verändern. Ich persönlich nutze gerne unraffinierten Rohrohrzucker. Aus jedem Zucker kann man übrigens innerhalb von Sekunden in jedem Haushaltsmixer Puderzucker machen! Durch die Verwendung von Puderzucker erzielen Sie in den meisten Fällen glattere, geschmeidigere und gleichmäßigere Teigergebnisse.

Vanille
Tatsächlich ist Vanille das meistgefragte Speisearoma auf der ganzen Welt. Jeder kennt ihren Duft, der jedoch trügerisch ist, denn die wenigsten Menschen hielten je eine frische Vanilleschote in der Hand – das Aroma wird meist synthetisch erzeugt. Wo möglich, sollten Sie Vanilleschoten immer dem Aroma vorziehen.

Bittermandel
Aus Bittermandeln werden Öl, Aromaextrakte und Liköre wie Amaretto hergestellt. Diese Aromen sind fester Bestandteil italienischer Backwaren wie Amaretti, Panzerotti und Ricciarelli, aber auch Desserts wie Tiramisù und Zuppa Inglese. Wer keinen Amarettolikör verwenden möchte, kann auf Bittermandelaroma zurückgreifen.

Nüsse
Viele italienische Backwaren leben von ihren reichhaltigen Zutaten, unter denen vor allem Nüsse eine wichtige Rolle spielen. Pinienkerne eignen sich besonders wegen Ihrer Süße zum Backen, auch Pistazien werden gerne für Kekse, Kuchen und Crostate verwendet. Brötchen werden oft mit Sesam verziert. Die unbestrittene Königin unter ihnen ist jedoch die Mandel. Hierbei ist es wichtig, gemahlene Mandeln und Mandelmehl zu unterscheiden, das für manche Anwendungen zu trocken ist. Hinweise hierzu finden Sie bei den entsprechenden Rezepten. Wenn Sie Mandeln selbst mahlen – unabhängig davon, ob Sie diese im Standmixer, in der Küchenmaschine oder in einem Multizerkleinerer mahlen – sollten Sie nicht sofort mit der höchsten Mahlstufe beginnen. So verhindern Sie, dass Öl aus den Mandeln austritt und Sie statt lockerem Mehl ein Mus enthalten.

Ricotta
Ricotta ist aus der italienischen Küche nicht wegzudenken und spielt auch beim Backen eine wichtige Rolle. Er ist eine Art Frischkäse, der beim zweiten Erhitzen nach der Produktion von Hartkäse entsteht und sehr geeignet für eine fettarme und mineralreiche Ernährung ist. Ricotta ist überall auf der italienischen Halbinsel verbreitet, doch ist die regionale Vielfalt immens: frisch, luftgetrocknet, geräuchert, aus Kuh- oder Ziegenmilch, aus Büffel- oder Schafsmilch oder auch aus gemischten Milchsorten. Er ist nicht nur ein wichtiger Bestandteil für Antipasti und Pastasaucen, sondern wird auch zum Backen für Brotteige oder als Füllung für Desserts verwendet.

Olivenöl
Italien gilt als der weltweit zweitgrößte Hersteller von Öl, doch das gesellschaftliche Bewusstsein für dieses Produkt zeigt deutliche Mängel. Man meint, ein im Rachen scharf wirkendes Öl oder ein gelbliches Öl seien Synonym für mäßige Qualität, hingegen bedeutet die Schärfe den Reichtum an Wirkstoffen und die Farbe spiegelt lediglich den Reifegrad der Oliven. Zum Backen empfehle ich Ihnen, immer Olivenöl extra vergine zu verwenden. Es entsteht aus der ersten Pressung der Oliven und darf maximal 0,8 % Säure aufweisen. Haptik, Aroma, Geschmack und Farbe müssen ausgewogen sein und eine hohe Qualität bieten. Dieses Öl wird ausschließlich mit mechanischen Verfahren unter 27 °C Arbeitstemperatur extrahiert. Je nach Region werden die Oliven grün, anteilig schwarz oder durchgängig schwarz geerntet. In der Regel ergibt sich aus grünen Oliven ein schärferes und ggf. bittereres Öl, aus schwarzen Oliven hingegen ein eher süßeres.

Butter- und Schweineschmalz
In einigen Rezepten werden Sie auf die Verwendung von Schweineschmalz stoßen und sich vielleicht fragen, warum Sie es hier nicht nur in herzhaften Gerichten wie der Crescia, sondern auch in süßen Rezepten wie den Cannoli finden. Der Hintergrund ist, dass dieses früher günstiger war als Butter oder Butterschmalz und sich daher in vielen traditionellen italienischen Backwaren wiederfindet. Für den authentischen Geschmack empfehle ich Ihnen daher die Verwendung von Schweineschmalz, alternativ können Sie natürlich auch immer auf Butterschmalz zurückgreifen.

Frische und getrocknete Kräuter
Viele Köstlichkeiten der Halbinsel leben von der Vielzahl italienischer Kräuter, die mit ihren typischen Aromen Speisen wie Pizza, Focaccia, Grissini und Brote verfeinern. Aber auch in süßen Kombinationen wie z. B. dem Pan di Ramerino oder dem Castagnaccio sind sie ein wahres Highlight! Wer die italienische Küche liebt, sollte also immer einen Kräutervorrat zu Hause haben!

Zitrusfrüchte
Nichts spiegelt den Geschmack des Südens besser wieder als der Duft von Zitrusfrüchten: Ob als frisch geriebene Schale, Saft, kandiert oder in Form von Orangeat und Zitronat, sind sie aus süßen Backwaren wie der Pastiera Napoletana, dem Pandoro oder Panettone nicht wegzudenken.

LE REGIONI D'ITALIA

DEIPARÆ MONTIS CARMELI VIRGINI

Panetteria – PANE, PANINI & CO.

IL PANE E LA PANETTERIA

Das Backen von Brot gehört weltweit zu einem der traditionellsten Herstellungsverfahren, für das man seit jeher nur wenige Zutaten benötigt. Mit zunehmender Verfügbarkeit unterschiedlichster Zutaten haben sich daraus mit der Zeit vielfältige Sorten entwickelt, wobei jedes Land immer noch seine ganz eigenen Verfahren und Vorlieben hat. Auch in Italien bildet das Brotbacken einen wichtigen Bestandteil der kulturellen Identität. Schon die Römer waren große Bäckermeister, was noch heute an der bekannten lateinischen Redewendung von „Brot und Spielen" (*panem et circenses*) zu erkennen ist. In der Regel wird frisch gebackenes Brot in Italien zu jedem Essen gereicht – sei es zur Sättigung, oder weil es einfach so gut schmeckt, damit den letzten Rest Sauce auf dem Teller aufzsaugen. Auf der Suche nach der Enstehung der typisch italienischen Brotsorten lohnt es sich also, den Wurzeln des Bäckerberufes auf den Grund zu gehen – im Italienischen unterscheidet man zwischen dem *fornaio*, der sich um die Herstellung des Brotes kümmert sowie dem *panettiere*, der für den Verkauf zuständig ist. Hierfür tauchen wir sehr tief in die Geschichte des Brotbackens ein. Es ist keineswegs Zufall, dass man heutzutage immer häufiger den Begriff „antik" mit der Welt des Brotes und dem Beruf des Bäckers verbindet. Man könnte sogar – um noch ein besseres Gespür für die Beständigkeit dieses traditionellen Handwerks zu bekommen – diesen Beruf mit der Ewigkeit verbinden, genauso wie die Stadt, in der er seinen Ursprung fand: in Rom.

Bereits zur Zeit der klassischen Antike war die Verbindung zwischen der Figur des Bäckers und dem städtischen Kontext entscheidend. Auf dem Land war das Brot das Grundnahrungsmittel der Familien schlechthin: Jeder knetete seinen Brotteig bei sich zu Hause, oft mit dem wenigen Mehl, das zur Verfügung stand, und mengte ihm Asche, Hülsenfrüchte, Maronen oder Wildkräuter bei, um ihn dann unter den glühenden Kohlen oder in rudimentären Öfen zu backen. In den Städten war die Praxis eine ganz andere: Mosaiken, Reliefs und sogar Grabstätten, wie jene, die man bei der Porta Maggiore in Rom immer noch besichtigen kann, erzählen uns die Geschichte eines hohen sozialen und symbolischen Status, der sich rund um die Figur des Bäckers rankt.

Ab dem 5. Jh. v. Chr., als die Römer zum ersten Mal in Kontakt mit den Hart- und Weichweizensorten kamen und die Techniken des Mahlens und Aussiebens jener Getreidesorten verfeinerten, wurde das Brot rasch von einem urtümlichen Nahrungsmittel, das eher hart und unappetitlich wirkte, zu einem Grundnahrungsmittel für die ganze Gesellschaft. Davor kannte man nur Dinkel, Roggen, Hafer und Gerste. Seitdem entwickelten sich so viele Arten von Brot, wie die sozialen Schichten, für die sie gedacht waren: Aus dem raffiniertesten Mehl stellte man z. B. das *panis siligineus* her, das für die Wohlhabenden prädestiniert war, während das gemeine Volk mit rustikaleren Broten Vorlieb nehmen musste, bis hin zum *panis furfureus*, das für die Hunde bestimmt war. Neben dieser Sortenvielfalt waren es auch die unterschiedlichen Produktionstechniken, die dem Beruf des Bäckers ein hohes Maß an Können abverlangten. Die damaligen *pistores* (lat. „pinsere" bedeutet zerstampfen; der Name entstammt der Bewegung, die man zur Zerkleinerung von Körnern im Mörser ausführt), beschäftigten sich mit jeder Phase der Verarbeitung des Mehls – von der Zerkleinerung bis zum Endergebnis Brot. Um sich eine Vorstellung von den Brotmengen, die zur damaligen Zeit verzehrt wurden, zu verschaffen, denke man nur daran, dass es alleine im überschaubaren Pompeij über 40 Bäckereien gab. Ihre Backwerke wurden am Tag des Untergangs der Stadt in Asche verewigt – ein Glück, denn so haben wir auch heute noch Kenntnis von den Rezepten aus dem 1. Jh. n. Chr.!

»Der italienische Bäcker kann regelrecht als Träger eines historischen Kulturguts angesehen werden.«

Seitdem hat sich das Berufsbild des Bäckers trotz unzähliger Entwicklungen, die neuen Wind in die Backtechniken und Produktvielfalt gebracht haben, nie wirklich verändert. Vielmehr hat er seinen sozialen Status von damals beibehalten, denn überall, wo eine Gemeinschaft gegeben war, hat es Bäcker gegeben, die – dank der Vertiefung der Knettechniken, der erweiterten Kenntnisse bezüglich der Gärung und des Aufgehens – die Vielzahl an Rezepten aus der jeweiligen Region bewahrt und erweitert haben: Vom Vinschgauer aus dem Alpenraum über das weiche Ciabatta bis hin zu den mit Sesam gebackenen Mafalde aus dem Süden der Halbinsel, spiegeln ihre Backwerke die Besonderheiten der jeweiligen Backtradition wieder.

Panetteria

2489

600
PAN DEL BORGO
€ 6.50 al Kg
SPIGHE
6.50

Das italienische Brot besteht dabei längst nicht nur aus Weizenmehl, sondern wird durch weitere Mehlsorten wie Roggen, Hartweizen, Kastanienmehl oder auch Maismehl verfeinert, die vielen traditionellen Broten ihren ganz eigenen charakteristischen Geschmack verleihen. Auch ballaststoffreiche Vollkornbrote (*pane integrale*) werden immer beliebter. Brot wird in Italien gerne zum Essen verzehrt – daher bevorzugen wir Italiener eher geschmacksneutrale Sorten, die in herzhafte Suppen oder Saucen getunkt werden oder allein mit einem guten Olivenöl und Meersalz beträufelt ein wahrer Genuss sind! Umso wichtiger ist die Kruste, leicht rauchig, knusprig und kross! Brot wird also quasi zu jeder Gelegenheit gegessen, man denke nur an die mit Tomaten belegten Bruschette aus der Toskana, die als Vorspeise serviert werden, die knusprigen Grissini, die als Appetithäppchen zum Aperitivo geknabbert werden oder die berühmten Tramezzini, für die Brot ohne Rinde verwendet wird. Die italienischen Bäcker sind zudem Meister darin, aus ihren Backwaren wahre Kunstwerke zu zaubern: Je nach Region werden die Brotlaibe geflochten, zu Kringeln geformt, kunstvoll verziert und mit Zutaten wie Oliven, Rosmarin, Pinienkernen oder Ricotta verfeinert. Daneben gibt es natürlich eine Vielzahl an typischen Brotsorten, die man speziell an den Feiertagen genießt, wie das Pan di Ramerino und das Casatiello zu Ostern oder den mit Honig und Rosinen verfeinerten Panettone zu Weihnachten. In diesem Sinne kann der italienische Bäcker regelrecht als Träger eines historischen Kulturguts angesehen werden.

Wenn wir heute über Brot reden, handelt es sich oft um Wiederentdeckung, Erhaltung und zugleich Revolution … Tatsächlich hat das italienische Brot ab der zweiten Hälfte des 19. Jh. eine Herabsetzung von traditionellem Produkt zu industrieller Massenware erlebt, einem steilen Weg herabfolgend, der ihn seines ursprünglichen Wertes beraubt hat und mit einem Verlust an Qualität einherging, der mit der Nutzung von minderwertigen, industriell hochgezüchteten Weizensorten statt des Urgetreides beginnt: Viele traditionelle Brotsorten wurden nach und nach durch „Standard"-Brote ersetzt, meist weißes, ungesundes Brot, das nichts mit der ursprünglichen Idee von Brot, die aus dem antiken Rom stammt, teilt.

Zum Glück scheint nun die Stunde des handwerklich gemachten Brotes wieder gekommen zu sein. Der rote Faden, der die italienischen Städte und den Beruf des Bäckers verbindet, lässt sich heute in ein neues Bewusstsein übersetzen, diese kulturelle Lücke wieder zu füllen. Der Verbaucher ist nicht mehr notgedrungen auf jenes Brot angewiesen, das über Jahrhunderte hinweg über das Überleben vieler bestimmt hat: Es ist heutzutage viel mehr der Appetit auf etwas „Echtes" und auf eine Vielfalt an Brotsorten, die dazu führt, dass sich der Markt auf die Wiederentdeckung und den Anbau antiker Getreidekulturen orientiert. Diese neuen, „urbanen Landbäcker" sind nicht mehr nur reine Bäcker, sondern Handwerker und Forscher. Brotbacken ist somit mehr denn je zum Politikum geworden: von der Auslesung der Rohstoffe bis hin zur bewussten Wahl, natürliche Hefen einzubringen und alles ganz langsam, schonend und lange gehen zu lassen. Der Bäcker hilft aktiv dabei, die von Hand betriebene landwirtschaftliche Vergangenheit wieder zu beleben, deren Identität eine tragende Säule für die italienische Gesellschaft ist. Dieses „neue alte Brot" wird als besonderes Gut wahrgenommen, ein Luxusprodukt, das als Ausdruck eines vielmehr kulturellen und sozialen denn wirtschaftlichen Werts gewürdigt wird.

Was in der Vergangenheit als bescheidener und sehr harter Beruf angesehen wurde, ist heute in der Wahrnehmung gekippt: Knetmaschinen, Zellen für ein gesteuertes Aufgehen und Reifung der Teige sowie Präzisionsöfen haben diese Aufgaben stark vereinfacht, sodass sich der moderne Bäcker den diversen Verarbeitungsphasen widmen und das Brot zu einem lebensmitteltechnisch ausgereiften Produkt entwickeln kann. Immer mehr junge Menschen, insbesondere Studenten, die auf der internationalen Brotbackbühne ausgebildet werden, bevölkern diese neue Berufsgeneration. Indem sie sich auch die Kenntnisse und Traditionen anderer Kulturen nutzbarmachen (vor allem nordeuropäischen Ursprungs), haben die italienischen Bäcker den Schritt geschafft, neue Kreationen auf dem Markt zu positionieren, die auf eine erweiterte europäische Tradition zurückgreifen und gleichzeitig das Gleichgewicht zwischen Vergangenheit und Zukunft, Tradition und Erneuerung schaffen.

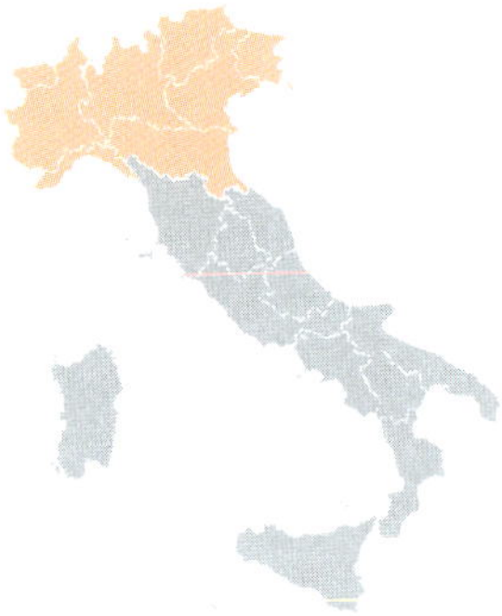

PANINI ALL'OLIO

Für 14 *Stück*

15 g frische Hefe

250 ml lauwarmes Wasser

450 g Weizenmehl (Type 550)

2 TL Salz

60 ml Olivenöl extra vergine

Außerdem

Mehl für die Arbeitsfläche

Olivenöl zum Bestreichen

Diese fluffigen Brötchen, die ihren Ursprung in Norditalien haben, sind in ganz Italien beliebt, denn ihre Herstellung ist kinderleicht und das Ergebnis einfach himmlisch! Sie können Sie ganz unterschiedlich formen, eine Mischung sieht besonders hübsch aus!

ZUBEREITUNG:

Hefe und Wasser in einem Schälchen vermengen, bis sich die Hefe aufgelöst hat.

Mehl und Salz in eine Schüssel geben. Hefemischung und Öl dazu geben und alles mit einem Holzlöffel vermengen. Den Teig auf der bemehlten Arbeitsplatte mit den Händen 8 Minuten kräftig kneten, bis er glatt und elastisch ist. Den Teig anschließend zu einer Kugel formen und zurück in die Schüssel geben. Diese mit einem Geschirrtuch abdecken und in den geschlossenen (ausgeschalteten) Backofen stellen. Den Teig dort für 90 Minuten gehen lassen.

Den Teig nun erneut auf die Arbeitsfläche geben und in 14 Portionen teilen. Daraus zaubern wir nun jeweils 7 Kringel und 7 Panini:

Für die Kringel den Teig mit einem Nudelholz zu einer etwa 30 cm langen und 4 cm breiten Teigbahn ausrollen. Die Teigzunge locker zu einer Spirale drehen, anschließend die Enden miteinander verbinden, sodass ein Kranz entsteht. Den Teig mit einem Haushaltspinsel dünn mit Olivenöl einpinseln. Mit einem Geschirrtuch abdecken und 30 Minuten gehen lassen.

Für die länglichen Panini den Teig ebenfalls zu Teigzungen ausrollen. Diese sollten etwa 25 cm lang und auf einer Seite etwa doppelt so breit wie auf der anderen Seite sein. Nun von der dicken in Richtung der dünnen Seite aufrollen. Ebenfalls mit Öl einpinseln, abdecken und 30 Minuten gehen lassen.

Den Backofen auf 200 °C (Umluft) vorheizen. Die Brötchen auf ein mit Backpapier ausgelegtes Blech legen und 20 Minuten backen, bis sie eine goldene Farbe angenommen haben.

PANE DI POLENTA

Für 2 kleine Brote

50 g Polenta (Maisgrieß)

300 ml lauwarmes Wasser

15 g frische Hefe

½ TL Honig

225 g Weizenmehl (Type 550)

2 EL Butter

3 EL Pinienkerne

½ TL Salz

Außerdem

Mehl für die Arbeitsfläche

1 Eigelb zum Bepinseln

1 EL Wasser

Pinienkerne

TIPP:

Probieren Sie dieses köstliche Brot am besten zu einer Tomatensuppe oder genießen Sie es zu einer bunten Tagliere mit Wurst, Schinken und Käse!

Dieses rustikale Brot ist eine köstliche Alternative zu „normalem“ Weißbrot, denn durch die Polenta bekommt es einen ganz eigenen „Biss“.

ZUBEREITUNG:

Polenta und 250 ml des Wassers in einen Topf geben. Erhitzen und dabei ununterbrochen rühren. Die Polenta 2 Minuten köcheln lassen, anschließend vom Herd nehmen und im Topf 10 Minuten auskühlen lassen, bis sie nur noch lauwarm ist.

Das restliche Wasser, Hefe und Honig in ein kleines Schälchen geben und vermengen, bis sich die Hefe und der Honig aufgelöst haben. 115 g des Mehls in eine Schüssel geben, die Hefemischung unterrühren und anschließend die Polenta hinzugeben. Alles mit den Knethaken des Handrührgeräts verkneten. Den Teig anschließend mit einem Geschirrtuch abdecken und an einem warmen Ort (z. B. im geschlossenen, ausgeschalteten Ofen) für 2 Stunden gehen lassen. Dabei verdoppelt er seine Größe.

In der Zwischenzeit die Butter in einem Topf erhitzen, bis sie geschmolzen ist. Pinienkerne hineingeben und kurz bräunen. Sobald sie ihre Farbe verdunkeln, den Topf vom Herd nehmen.

Nach der Gehzeit das übrige Mehl und die Pinienkerne samt der Butter zum Teig geben und alles zu einem glatten Teig kneten. Den Teig abermals abdecken und an einem warmen Ort für 1 Stunde gehen lassen.

Geben Sie den Teig auf eine bemehlte Arbeitsfläche. Halbieren Sie ihn und formen Sie jede Hälfte zu einem etwa 35 cm langen Strang. Jeden Strang grob eindrehen und auf ein mit Backpapier ausgelegtes Backblech geben. Erneut abdecken und 45 Minuten an einem warmen Ort gehen lassen.

Den Backofen auf 200 °C (Umluft) vorheizen. Eigelb und Wasser verrühren, die Oberfläche der Brote damit bestreichen und nach Belieben weitere Pinienkerne darauf verteilen. Die Brote im heißen Ofen (Mitte) etwa 30 Minuten backen, bis sie eine goldene Farbe haben.

said Onny.

BIOVA PIEMONTESE

Für 6 *Stück*

300 ml lauwarmes Wasser

1 Pck. Trockenhefe

1 EL Honig

500 g Weizenmehl (Type 405)

20 g weiches Butterschmalz (alternativ Olivenöl extra vergine)

10 g Salz

*Die **Biova Piemontese** gehört zu den beliebtesten Brötchen im norditalienischen Piemont, wahrscheinlich auch wegen ihrer zylindrischen Form und der charakteristischen „Hörner", die ihnen ein unverwechselbares Aussehen verleihen. Zudem werden sie traditionell mit Schmalz und nicht mit Öl gebacken.*

ZUBEREITUNG:

300 ml Wasser in eine Schüssel geben und die Hefe sowie den Honig darin auflösen. Das Mehl in eine zweite Schüssel geben. Hefe-Honig-Wasser, Butterschmalz und Salz hinzugeben und alles mit dem Holzlöffel grob vermengen. Anschließend mit den Händen 5 Minuten auf der Arbeitsfläche zu einem homogenen und elastischen Teig verkneten. Die Schüssel mit einem Geschirrtuch abdecken und den Teig 1 Stunde an einem warmen Ort (z. B. im geschlossenen, ausgeschalteten Ofen) gehen lassen.

Den Teig anschließend in 6 gleiche Teile teilen. Das erste Stück nehmen und mithilfe eines Nudelholzes zu einer 5 mm dicken, 20–30 cm langen und 10–15 cm breiten Teigzunge ausrollen. Den Teig anschließend an der Längsseite entlang aufrollen. Mit den restlichen Stücken genauso verfahren. Dann noch einmal von vorne starten. Auf diese Weise entstehen kompakte Brötchenrollen. Zupfen Sie diese nun noch etwas in Form, sodass an den Enden links und rechts die typischen Spitzen bzw. Hörnchen entstehen.

Die Teiglinge auf ein mit Backpapier ausgelegtes Backblech setzen, mit einem Geschirrtuch abdecken und nochmals 1 Stunde bei Zimmertemperatur gehen lassen.

Den Backofen auf 210 °C (Ober-/Unterhitze) vorheizen. Die Teiglinge auf der Oberseite mit einem Messer der Länge nach 1 cm tief einschneiden. Die Brötchen anschließend im heißen Ofen (Mitte) etwa 20–25 Minuten backen, bis sie eine goldene Farbe angenommen haben. Anschließend herausnehmen und abkühlen lassen.

PANE DI CHIAVARI

Für 1 Brot

275 g Weizenmehl (Type 550)
50 g Weizenvollkornmehl
½ TL Salz
6 g Trockenhefe
210 ml lauwarmes Wasser
2–3 EL Olivenöl extra vergine
115 g schwarze entsteinte Oliven (wer sie bekommt, sollte unbedingt Taggiasca-Oliven verwenden)

Außerdem
Mehl für die Arbeitsfläche

*Das **Pane di Chiavari** ist ein typisch ligurisches Produkt, in dem die Königin der ligurischen Küche nicht fehlen darf: die oliva taggiasca. Der Name stammt aus dem Dorf Taggia in der Provinz Imperia, wo diese Olivensorte von den Benediktinern seit dem 9. Jh. n. Chr. angebaut wurde. Sie überlebte sogar die Invasion der Sarazenen und die Zerstörung des Klosters und wurde später von den Mönchen von S. Stefano aus Genua weiterhin angebaut.*

ZUBEREITUNG:

Für den Teig die Mehle sowie das Salz in eine Schüssel geben und vermengen. Trockenhefe und Wasser in einer Schale vermengen, bis sich die Hefe aufgelöst hat. Das Hefewasser und 1 EL Olivenöl zum Mehlgemisch geben und alles gut mit einem Holzlöffel vermengen.

Kneten Sie den Teig nun etwa 7 Minuten in der Küchenmaschine oder mit den Knethaken des Handrührgeräts, bis er glatt und elastisch ist (er ist tatsächlich zu weich, um ihn mit den Händen zu kneten). Anschließend zu einer Kugel formen und in eine Schüssel geben. Decken Sie die Schüssel mit einem Geschirrtuch ab und lassen Sie den Teig an einem warmen Ort (z. B. im geschlossenen, ausgeschalteten Ofen) für 1 Stunde gehen.

Die Oliven in kleine Stücke schneiden. Die Arbeitsfläche ordentlich mit Mehl bestäuben. Den Teig darauf geben und flachdrücken, die Oliven darauf geben. Den Teig nun darüber falten, etwas mit Mehl bestäuben und die Oliven vorsichtig und kurz in den Teig einarbeiten. Den Teig erneut 5 Minuten ruhen lassen, anschließend zu einem ovalen Brot formen. Den Laib auf ein mit Backpapier belegtes Backblech setzen und die Oberfläche in 3 cm großen Abständen über die kurze Seite einritzen. Das Brot mit Olivenöl einpinseln, mit einem Geschirrtuch abdecken und nochmals 30 Minuten gehen lassen.

Den Backofen auf 200 °C (Umluft) vorheizen und das Brot anschließend im heißen Ofen (Mitte) 35–40 Minuten backen. Nach Belieben noch warm genießen oder auskühlen lassen.

SÜDTIROLER RICOTTABROT

Für 1 kleines Brot

300 g Weizenmehl (Type 405)
1 TL Salz
70 ml lauwarme Milch
1 TL Rohrzucker
3 g Trockenhefe
10 g geschmolzene Butter
70 g Ricotta
1 Ei (Größe M)
2 EL Wasser
(bei Bedarf etwas mehr)

Ricottabrot ist in ganz Italien sehr beliebt, da es ein saftiges und lange frisch bleibendes Brot ist. Ähnliche Brote werden in ganz Italien produziert, dieses Rezept stammt allerdings aus Südtirol. Wenn Sie aus der Masse drei Kugeln formen, können Sie diese beim Backen recht nah aneinader legen und das Brot wie ein Kleeblatt gestalten: Sie werden staunen, wie schön das Endergebnis durch diesen einfachen Trick aussieht.

ZUBEREITUNG:

Für den Teig Mehl und Salz in eine Schüssel geben und eine Mulde in der Mitte bilden. Den Zucker in einer seperaten Schüssel in der Milch auflösen. Trockenhefe zur Milch hinzugeben und auflösen. Die Mischung anschließend in die Mulde gießen und alles grob mit einem Holzlöffel vermengen.

Nun die geschmolzene Butter, Ricotta, Ei und Wasser in den Teig geben, alles grob vermengen und anschließend 10 Minuten beherzt mit den Händen zu einem glatten Teig verkneten. Sollte der Teig noch zu trocken sein, geben Sie einfach esslöffelweise noch etwas Wasser hinzu.

Formen Sie den Teig anschließend zu einer Kugel. Decken Sie die Schüssel mit einem Geschirrtuch ab und lassen Sie den Teig an einem warmen Ort (z. B. im geschlossenen, ausgeschalteten Ofen) 30 Minuten gehen.

Die Teigkugel auf ein Blech setzen und etwas flach drücken (die Höhe sollte bei etwa 5 cm liegen), erneut abdecken und 15 Minuten gehen lassen. Zwischenzeitlich den Backofen auf 180 °C (Umluft) vorheizen. Das Brot anschließend im heißen Ofen (Mitte) etwa 40 Minuten lang backen bzw., bis die Oberfläche eine goldene Färbung angenommen hat.

MÖHRENBROT

Für 1 Kastenform (30 x 13 cm)

500 g Weizenmehl (Type 405)
1 TL Salz
130 ml lauwarme Milch
1 TL Rohrzucker
6 g Trockenhefe
20 g geschmolzene Butter
130 ml lauwarmer Karottensaft
100 g geraspelte Karotten

Außerdem
Butter für die Form

TIPP:

Das Brot eignet sich – besonders noch leicht warm mit etwas gesalzener Butter bestrichen – als Appetizer und ist auch perfekt zum Eintunken in eine Suppe.

Lieben Sie auch Karottensaft? Wenn ja, verschwenden Sie die Raspeln nicht, die beim Entsaften entstehen und stellen Sie daraus dieses herrlich bunte Brot oder eine auf der Zunge zart zergehende Torta Camilla (s. S. 208) her. Das Möhrenbrot stammt aus der Südtiroler Backtradition und kann natürlich genauso aus frisch geraspelten Möhren zubereitet werden!

ZUBEREITUNG:

Für den Teig Mehl und Salz in eine Schüssel geben und eine Mulde formen. Milch und Zucker in einer separaten Schale vermengen. Trockenhefe in der lauwarmen, gezuckerten Milch auflösen und anschließend in die Mehlmulde gießen.

Die geschmolzene Butter, den Karottensaft und die geraspelten Karotten ebenfalls in die Mulde geben. Alles grob mit einem Holzlöffel vermengen und anschließend 10 Minuten beherzt zu einem glatten Teig verkneten. Den Teig anschließend zu einer Kugel formen, die Schüssel mit einem Küchentuch abdecken und an einem warmen Ort (z. B. im geschlossenen, ausgeschalteten Ofen) 1 Stunde gehen lassen.

Den Backofen auf 180 °C (Umluft) vorheizen. Die Kastenform hauchdünn mit Butter einfetten. Den Teig in die Form geben, erneut abdecken und weitere 20 Minuten gehen lassen. Das Möhrenbrot anschließend im heißen Ofen (Mitte) etwa 40 Minuten backen. Herausnehmen und noch lauwarm genießen oder abkühlen lassen.

SILVESTER-BRÖTCHEN

Für ca. 24 Stück

500 g Weizenmehl (Type 405)

60 g Rohrzucker

250 ml lauwarme Milch

1 Pck. Trockenhefe

abgeriebene Schale von 1 Bio-Zitrone

60 g geschmolzene Butter

2 Eier (Größe M)

½ TL Salz

Außerdem

heller und schwarzer Sesam (nach Belieben)

24er-Muffinform

Butter und Mehl für die Form

Süß oder herzhaft werden diese Brötchen sicher bald zum beliebten Snack für Groß und Klein. Auf Basis dieses Südtiroler Rezepts sind vielfache Variationen möglich: Versuchen Sie es einmal mit ein paar kleingeschnittenen Speckwürfeln oder mit Heidelbeeren. Es ist doch so schön, in der Küche der Fantasie freien Lauf zu lassen!

ZUBEREITUNG:

Geben Sie für den Teig das Mehl in eine Schüssel und formen Sie in der Mitte eine Mulde. Rohrzucker und Milch in einer separaten Schale miteinander vermengen. Die Trockenhefe in der Hälfte der gezuckerten Milch auflösen und die Mischung in die Mulde geben. Die Schüssel abdecken und die Hefe 10 Minuten lang quellen lassen. Die restliche Milch-Zucker-Mischung, die geriebene Zitronenschale, die geschmolzene Butter, 1 Ei und Salz in die Mulde zugeben. Den Teig mit einem Holzlöffel grob vermengen und anschließend mit den Händen oder den Knethaken des Handrührgeräts 5–10 Minuten lang zu einer homogenen, elastischen Masse kneten. Die Schüssel mit einem Küchentuch abdecken und Teig für 20 Minuten im geschlossenen, aber ausgeschalteten Backofen gehen lassen.

Schüssel aus dem Ofen nehmen. Den Backofen auf 180 °C (Umluft) vorheizen, 24 Muffinförmchen hauchdünn mit Butter einfetten und mit etwas Mehl bestäuben. Den Überschuss an Mehl über dem Spülbecken ausklopfen. Den Teig auf der bemehlten Arbeitsplatte in 24 gleich große Kugeln teilen und in die Förmchen geben. Das zweite Ei aufschlagen und verquirlen, die Oberfläche der Teigkugeln mit dem Ei einpinseln und nach Belieben jeweils etwas Sesam darüberstreuen.

Die Brötchen, mit einem Geschirrtuch abgedeckt, weitere 10 Minuten in den Förmchen bei Zimmertemperatur gehen lassen, anschließend im heißen Ofen (Mitte) 10–15 Minuten lang backen, bis sie eine schöne Farbe haben.

VINSCHGAUER

Für 8 *Stück*

Für den Vorteig
3 g frische Hefe
100 ml lauwarmes Wasser
110 g Roggenmehl

Für den Teig
350 g Roggenmehl
140 g Weizenmehl (Type 405)
10 g Salz
5 g Fenchelsamen
5 g Kümmel
10 g frische Hefe
300 ml lauwarmes Wasser

Außerdem
Roggenmehl
zum Bestäuben

Das Backen von Brot im Alpenraum hat eine lange Tradition, die weit vor Christi Geburt bereits dokumentiert wurde. In den kühlen, aber trockenen Südtiroler Tälern wurde Roggen, Einkorn und Hirse angebaut, wobei sich Roggen mit der Zeit als sehr widerstandsfähiges Getreide etablierte. In diesen Regionen Europas entwickelte sich schnell eine Art „Vorratswirtschaft", dazu gehörte auch das Backen der „Vinschger Paarlen", zwei rund geformte flache Laibchen, die zu einem Paar vereint werden. Das Rezept für die originalen Vinschger Paarlen wurde von den Benediktinermönchen von Kloster Marienberg entwickelt, traditionell mit einem Sauerteig aus Roggenmehl.

ZUBEREITUNG:

Für den Vorteig Hefe im warmen Wasser auflösen. Anschließend das Mehl zugeben und alles sorgfältig vermengen. *Attenzione:* Der Vorteig ist recht weich und klebrig, lassen Sie sich davon nicht irritieren, genau so soll er sein. Den Teig 1 Stunde mit einem Geschirrtuch zugedeckt an einem warmen Ort (z. B. im geschlossenen, ausgeschalteten Ofen) ruhen lassen.

Für den Teig 250 g Roggenmehl, Weizenmehl, Salz, Gewürze und den Vorteig in eine Schüssel geben. Die Hefe im Wasser auflösen, zu der Mehlmischung geben und alles zu einem weichen, homogenen Teig vermengen. Abschließend mit etwas Roggenmehl bestäuben und 1 Stunde mit einem Geschirrtuch zugedeckt gehen lassen.

Das übrige Roggenmehl für die Weiterverarbeitung in eine separate Schüssel geben. Nacheinander 8 gleich große Portionen vom Teig abtrennen – das geht am besten mit einer Teigkarte – jede Portion im zusätzlichen Mehl wälzen, bis der Teig ringsherum mit Mehl bedeckt ist, denn so lässt er sich leichter verarbeiten. Die Teigportionen als Fladen nebeneinander auf ein mit Backpapier belegtes Blech legen, mit einem Geschirrtuch abdecken und weitere 20 Minuten bei Zimmertemperatur ruhen lassen.

Den Backofen auf 220 °C (Ober-/Unterhitze) vorheizen. Die Vinschgauer im heißen Ofen (Mitte) etwa 45 Minuten backen, bis sie fest, aber nicht zu knusprig sind.

CIABATTA

Für 6 *Stück*

12 g frische Hefe
10 g Zucker
400 ml kaltes Wasser
500 g Weizenmehl (Type 405)
4 EL Olivenöl extra vergine
10 g Salz

Außerdem
Olivenöl zum Einfetten
Mehl für die Arbeitsfläche

Das beliebte Brot hat seine Wurzeln in Venetien. Arnaldo Cavallari, ein Ex-Rallye-Fahrer und Bäckersohn, ließ sich das Rezept 1982 unter dem Namen „Ciabatta italiana“ patentieren, denn die typische Form – flach und langgezogen – erinnert tatsächlich an einen Pantoffel („ciabatta“).

ZUBEREITUNG:

Hefe und Zucker mit dem kalten (!) Wasser verrühren, bis sich beides aufgelöst hat. Die Flüssigkeit zum Mehl geben und alles mit einem Holzlöffel oder mit dem Knethaken der Küchenmaschine 5 Minuten vermengen, bis er homogen ist. *Attenzione:* Er ist weiterhin noch recht flüssig, genau so soll er jedoch sein. Eine große Schüssel (der Teig verdoppelt später sein Volumen) mit Öl fetten, den Teig hineingeben und das Öl mithilfe einer Teigkarte vom Rand der Schüssel etwas über den Teig streichen. Schüssel mit einem Stück Frischhaltefolie und einem Geschirrtuch abdecken und Teig bei Zimmertemperatur 24 Stunden gehen lassen.

Am nächsten Tag den Teig mit Salz bestreuen und mit einem Holzlöffel 3 Minuten gründlich unterrühren. Ein Backblech mit Backpapier auslegen und dünn mit Olivenöl fetten. Den Teig auf das Blech geben und mit einem Teigschaber so verteilen, dass er ein Rechteck ergibt und noch 2–3 cm hoch ist. Mit einem Geschirrtuch abdecken und 50 Minuten gehen lassen.

Die Arbeitsfläche großzügig mit Mehl bedecken. Das Backpapier mit dem Teig vom Blech nehmen, wenden und den Teig auf die Arbeitsfläche geben. Wenn der Teig noch klebrig und relativ flüssig ist, ist er genau richtig – das ist für Ciabatta-Teig normal. Daher ist es besonders wichtig, die Arbeitsfläche vorher wirklich dick mit Mehl zu bedecken. Die Oberfläche und den Rand des Teigs zusätzlich mit Mehl bestäuben. Die Hände einölen und mit den Fingerspitzen den Teig in Form eines Rechtecks stupsen. Teig mit einer leicht bemehlten Teigkarte horizontal halbieren. Jede Teighälfte nun von einer Seite her kommend der Länge nach Richtung Mitte ein wenig einschlagen. Zusätzlich oben und unten die Teigspitzen unter den Teig legen und mit den Fingerspitzen etwas andrücken. Den Vorgang mit der zweiten Teighälfte wiederholen. Nun erkennt man bereits die längliche und rechteckige Form der Ciabatte. Den Teig abermals mit einem Geschirrtuch abdecken und 30 Minuten gehen lassen.

Den Backofen auf 220 °C (Ober-/Unterhitze) vorheizen. Bereits während der Aufheizphase ein Gefäß, z. B. eine Kuchen- oder Auflaufform, mit Wasser in den Ofen stellen. Die Teigstränge mithilfe einer Teigkarte jeweils dritteln und auf ein mit Backpapier ausgelegtes Blech mit etwas Abstand zueinander legen. Die Ciabatte im heißen Ofen (Mitte) 15 Minuten backen. Nun die Hitze auf 190 °C Grad reduzieren, das Gefäß mit dem Wasser herausnehmen und die Brote für weitere 15–20 Minuten backen. Die Ciabatte aus dem Ofen nehmen und zur Probe auf die Unterseite klopfen: Sie sollten ein wenig hohl klingen, dann sind sie fertig!

PANE SCIOCCO

Für 1 *Brot*

Für den Vorteig

175 g Weizenmehl (Type 550)

350 ml kochend heißes Wasser

Für den Teig

15 g frische Hefe

60 ml lauwarmes Wasser

375 g Weizenmehl (Type 550)

Außerdem

Öl zum Einfetten

Mehl für das Backblech

Das ***Pane Sciocco*** *oder auch „sciapo" (dummes Brot) ist ein einfaches, ohne Salz gebackenes Weizenbrot, das traditionell in runder Form (bozza) gebacken wird. Es wird häufig für Bruschetta verwendet, in der Toskana auch „fettunta" genannt, schmeckt aber auch wunderbar in etwas Olivenöl und Meersalz getunkt oder als Grundlage für Herzhaftes wie Wurst, Käse und Schinken.*

ZUBEREITUNG:

Zuerst bereiten wir den Vorteig zu: Dafür das Mehl mit dem kochend heißen Wasser in eine Schüssel geben und 3 Minuten stehen lassen. Nun mit einem Holzlöffel gründlich vermengen, sodass sich eine glatte Masse bildet. Die Schüssel mit einem leicht befeuchteten Geschirrtuch abdecken, und den Teig 10 Stunden ruhen lassen.

Nach der Ruhephase Hefe mit lauwarmem Wasser verrühren, bis sie sich nahezu aufgelöst hat, anschließend mit dem Vorteig vermengen. Nun nach und nach das restliche Mehl hinzugeben, vermengen und mit den Händen gründlich zu einem glatten, elastischen Teig verkneten. Das dauert etwa 8 Minuten. *Attenzione:* Der Teig ist anfangs noch sehr nass, das gibt sich aber mit dem Kneten. Formen Sie den Teig anschließend zu einer Kugel und geben Sie ihn in eine mit Öl gefettete Schüssel. Mit einem Geschirrtuch abdecken und im geschlossenen, aber ausgeschalteten Backofen für 90 Minuten gehen lassen.

Ein Backblech mit etwas Mehl bestäuben. Den Teig darauf geben. Formen Sie diesen zunächst zu einem runden Laib und schlagen Sie die Ränder anschließend zur Mitte hin ein. Den Teig mit der Naht nach oben mit einer Schüssel abdecken und im ausgeschalteten, geschlossenen Backofen erneut für 45 Minuten gehen lassen. Während dieser Zeit verdoppelt er seine Größe.

Die Schüssel abnehmen. Drücken Sie den Teig nun so flach, dass er nur noch die Hälfte seines Volumens hat. Wenden und erneut mit der Schüssel abdecken. Weitere 30 Minuten bei Zimmertemperatur gehen lassen.

Heizen Sie nun den Backofen auf 220 °C (Umluft) vor und backen Sie das Brot anschließend im heißen Ofen (Mitte) für 25–30 Minuten. Frisch aus dem Ofen, wenn das Innere noch dampft, wenn man ein Stück abbricht, und die Kruste noch schön knusprig ist, schmeckt das Brot am Besten. Aber natürlich kann man es auch abkühlen lassen.

PAN DI RAMERINO

Für 10 Stück

Für den Vorteig

1 g Trockenhefe

50 ml lauwarmes Wasser

100 g Weizenmehl (Type 405)

Für den Teig

70 g Rosinen

3 EL Vinsanto (weißer Dessertwein, alternativ Saba, eingekochter Traubenmost)

1 langer Zweig Rosmarin

90 ml Olivenöl extra vergine

3 g Trockenhefe

200 ml lauwarmes Wasser

150 g Vorteig

400 g Weizenmehl (Type 405)

50 Rohrzucker

10 g Salz

Außerdem

1 Ei (Größe M) zum Bepinseln

TIPP:

In einem verschlossenen Behälter bleiben die Brötchen 4–5 Tage frisch.

Das ***Pan di Ramerino*** *(Dialekt für Rosmarin) ist ein Süßbrot aus der Toskana, das mit vielfältigen Kräutern und Gewürzen angereichtert wird. Die toskanischen Hausfrauen wussten schon immer, die Zutaten aus ihren Speisekammern zu verwerten: Man hatte stets etwas ungesalzenen Brotteig (biga), der so flexibel einsetzbar war, dass man daraus immer sowohl süße als auch herzhafte Backgerichte kreieren konnte.*

ZUBEREITUNG:

Für den Vorteig die Hefe im lauwarmen Wasser auflösen und zum Mehl geben. Alles zu einem Teig vermengen und eine Kugel daraus formen. Die Teigkugel in eine Schüssel geben und, mit Frischhaltefolie abgedeckt, 20–24 Stunden an einem warmen Ort gehen lassen.

Am nächsten Tag die Rosinen 1 Stunde in dem Vinsanto eingelegt ziehen lassen, die Flüssigkeit sollte dabei fast verschwunden sein. Den Rosmarin waschen, trocken schütteln, die Nadeln abzupfen und fein hacken. Olivenöl in einer Pfanne erhitzen, die Rosmarinnadeln bei niedriger Temperatur kurz darin andünsten, dann abkühlen lassen.

Die Hefe mit genau der Hälfte des lauwarmen Wassers in einer Schale auflösen. Den Vorteig, Mehl und Zucker in eine Schüssel geben. Das Hefewasser hinzufügen und alles kräftig mit den Händen verkneten. Der Teig ist an dieser Stelle noch sehr trocken und bröselig – *ma non c'è problema* – die Konsistenz wird nach 5 Minuten kneten bereits homogener, ist dann jedoch immer noch trocken. Nach 5 Minuten das Salz und anschließend das restliche Wasser in kleinen Portionen hinzugeben. Das ist wichtig, da der Teig die Flüssigkeit unbedingt nach und nach aufnehmen muss. Bereits bei einer geringen Menge Wasser ist er zunächst sehr feucht, aber nicht irritieren lassen – nach ein bisschen Kneten gibt sich das. Zum Schluss sollte ein homogener Teig entstanden sein. Nun den Rosmarin samt Öl hinzugeben und wiederum so lange kneten, bis das Öl vom Teig vollständig aufgenommen wurde.

Die Rosinen gut auspressen – es sollte nun keine wesentliche Menge Flüssigkeit mehr in den Teig gelangen – und in den Teig geben. Alles gut durch Kneten vermengen und den Teig anschließend zu einer Kugel formen. Die Schüssel mit Frischhaltefolie abdecken und den Teig 15 Minuten an einem warmen Ort gehen lassen. Den Teig anschließend in 9 Stücke teilen und diese zu Kugeln formen. Ein Backblech mit Backpapier auslegen, die Teigkugeln auf das Blech setzen, mit einem Geschirrtuch abdecken und im Ofen (geschlossen und ausgeschaltet) weitere 25 Minuten ruhen lassen.

Die Oberfläche der Brötchen nun kreuzweise einritzen. Das Ei verquirlen und die Oberfläche der Teig-Rohlinge mit dem Ei einpinseln, dann nochmals im geschlossenen Ofen 25 Minuten ruhen lassen (jedoch nicht mehr abdecken). Den Ofen zwischenzeitlich auf 180 °C (Umluft) vorheizen und die Brötchen 20 Minuten im heißen Ofen (Mitte) backen.

CIAMBELLA SORANA

Für 3 Stück

250 g Weizenmehl (Type 405)

10 g Anissamen

100 ml lauwarmes Wasser

50 ml lauwarme Milch

5 g Trockenhefe

2 EL Olivenöl extra vergine (alternativ Butterschmalz)

1 TL Salz

*Die **Ciambella Sorana,** im Dialekt „ciammèlla" genannt, stammt aus der gleichnamigen Stadt Sora im mittleren Appenningebirge. Die leckeren Brotkringel – außen herrlich knusprig und innen weich – werden gerne pur als Snack oder mit Aufschnitt, Käse, Sardellen oder gegrilltem Gemüse gegessen.*

ZUBEREITUNG:

Zunächst Mehl und Anissamen in eine Schüssel geben. Wasser, Milch und Trockenhefe in einer separaten kleinen Schale vermengen und die Hefe darin auflösen. Die Hefemischung und das Öl zum Mehl geben, alles mit den Händen vermengen und 3 Minuten lang kneten. Der Teig ist dann schon recht homogen.

Nun das Salz hinzugeben und alles 5 Minuten weiterkneten, bis der Teig eine glatte Konsistenz erhält und sich das Salz gut verteilt hat. Den Teig anschließend zu einem ovalen Leib formen, auf ein Holzbrett setzen, mit einem Geschirrtuch abdecken und bei Zimmertemperatur 2 Stunden gehen lassen.

Teilen Sie den Teig in 3 gleich große Stücke. Formen Sie jedes Stück zu einem ovalen Leib und rollen Sie diesen anschließend mit dem Handrücken zu einer 3 cm dicken und 30 cm langen Rollet aus. Verdrehen Sie den Teigstrang anschließend so ineinander, dass eine Kordel entsteht. Verbinden Sie nun die Enden miteinander, sodass sie sich zu einem Kreis schließen.

Heizen Sie den Backofen auf 180 °C (Umluft) vor und bringen Sie 1 l Wasser (oder ggf. etwas mehr) in einem Topf zum Kochen (es sollte so viel sein, dass die Ringe anschließend gut damit bedeckt sind).

Geben Sie nun den ersten Teigring in das kochende Wasser – er steigt nach kurzer Zeit an die Oberfläche. Nun mit einer Schöpfkelle aus dem Wasser nehmen, auf einem mit Backpapier ausgelegten Rost abtropfen lassen und mit den anderen beiden Ringen ebenso verfahren.

Den Rost anschließend auf mittlerer Schiene in den heißen Ofen schieben und die Ringe für 30 Minuten goldebraun backen.

PANE DI PROSCIUTTO

Für 1 *Brot*

15 g frische Hefe

250 ml lauwarmes Wasser

350 g Weizenmehl (Type 550)

½ TL Salz

40 g Parmaschinken

1 TL frisch gemahlener schwarzer Pfeffer

Außerdem

Öl zum Einfetten

Mehl für die Arbeitsfläche

TIPP:

Genießen Sie dazu einen guten Parmesankäse. Lassen Sie sich beim Käsehändler Ihres Vertrauens beraten und probieren Sie vorher!

Dieses gefüllte Brot ist meine persönliche Hommage an die Stadt Parma in der Emilia-Romagna. Diese Region ist berühmt für ihre traditionelles kulinarisches Erbe und speziell Parma verdanken wir den herrlich aromatischen Parmaschinken, den ich in dieses köstliche Brot gewickelt habe. Che bontà!

ZUBEREITUNG:

Die Hefe in das lauwarme Wasser geben und vermengen, bis sie sich gut aufgelöst hat. Mehl und Salz in eine Schüssel geben. Nun das Hefewasser hinzugeben und alles mit einem Holzlöffel vermengen. Den Teig 5–8 Minuten auf der bemehlten Arbeitsfläche kneten. Anfangs klebt er noch, wird dann aber immer elastischer.

Eine weitere Schüssel mit etwas Öl einfetten, den Teig zu einer Kugel formen, in die Schüssel geben, und diese mit einem Geschirrtuch gut abdecken. Die Schüssel in den geschlossenen, aber ausgeschalteten Backofen geben und den Teig dort 90 Minuten gehen lassen.

Den Teig nun auf der leicht bemehlten Arbeitsfläche 1 Minute kneten, dann zu einem ovalen Fladen formen. Den Schinken zerzupfen und die Hälfte davon auf dem Teig verteilen und mit ½ TL Pfeffer bestreuen. Den Teig über die Mitte zur Hälfte einschlagen und den restlichen Schinken sowie Pfeffer auf der verbleibenden oberen Seite verteilen. Nun den Teig komplett von der kurzen Seite her kommend entlang der langen Seite aufrollen, die Enden dabei ein wenig nach unten einschlagen, so dass sie sich verschließen.

Den Teig auf ein mit Backpapier ausgelegtes Backblech geben, mit einem Geschirrtuch abdecken und 30 Minuten gehen lassen. Den Teig anschließend dreimal hintereinander erst zu einem flachen Rechteck formen, dann über die kurze Mitte auf die Hälfte falten und den Rand andrücken. Auf diese Weise entsteht eine Brotform.

Nun die Enden des Brotes spitz zusammendrehen, den Laib mit einer leicht eingeölten Folie abdecken und nochmals 45 Minuten gehen lassen. Den Backofen auf 200 °C (Umluft) vorheizen. Die Oberseite des Teigs dreimal schräg einritzen und das Brot anschließend im heißen Ofen (Mitte) etwa 25–30 Minuten goldbraun backen.

U F'CC'LATIDD

Für 1 Brot

4 g Trockenhefe
125 ml lauwarmes Wasser
250 g Weizenmehl (Type 405)
1 EL ml Olivenöl extra vergine
1 TL Fenchelsamen
1 gestrichener TL Salz

Außerdem
Mehl für die Arbeitsfläche

U f'cc'latidd *ist ein sehr besonderes Kringelbrot, aromatisiert mit Fenchelsamen, das aus dem Süden stammt. Traditionell wurde es früher am Vorabend des 8. Dezember, dem Tag der Unbefleckten Empfängnis, verzehrt. Ein wichtiger Feiertag in Italien, der die Weihnachtsfeiertage einläutet. Dazu aß man Stockfisch und trank ein Glas Wein.*

ZUBEREITUNG:

Die Hefe in der Hälfte des lauwarmen Wassers auflösen. Das Mehl in eine tiefe Schüssel hineinsieben und eine Mulde bilden, die Hefemischung hineingeben. Öl und Fenchelsamen in die Mulde geben, mit den Knethaken des Handrührgeräts vermengen, dabei nach und nach das restliche Wasser dazugießen und weiterkneten. Nach 5 Minuten das Salz einarbeiten und weitere 5 Minuten – nun am besten mit den Händen – kneten. Der Teig sollte am Ende glatt und elastisch sein.

Geben Sie den Teig nun auf eine bemehlte Arbeitsfläche und rollen Sie ihn mit einem Nudelholz maximal 3–4 mm dick in eine ovale Form aus (etwa 40 x 15 cm). Anschließend die kurzen Seite sehr eng aufrollen, sodass sich eine lange Rolle ergibt. Den Teig von der Mitte aus mit den Händen durch eine rollende Bewegung der Handballen noch etwas auseinanderziehen. Die Enden der Teigrollejeweils leicht eindrehen und anschließend miteinander verbinden. Das geht am besten, wenn man sie zusammendrückt und den Teig dabei ein wenig ineinander verdreht. Den Kringel jetzt mit den leicht benässten Fingern behutsam befeuchten und die Oberseite an drei Stellen einritzen. Ein Backblech mit Backpapier auslegen, den Kringel darauflegen und mit einem Geschirrtuch abdecken. Den Teig nun 90 Minuten bei Zimmertemperatur gehen lassen.

Anschließend den Backofen auf 180 °C (Ober-/Unterhitze) vorheizen und dabei ein mit Wasser gefülltes Gefäß auf den Boden des Backofens stellen. Das Brot nun im heißen Ofen (Mitte) 20 Minuten backen, dann das Gefäß herausnehmen und das Brot weitere 15–20 Minuten backen, bis es eine hellbraun-goldbraune Farbe erreicht hat. Anschließend herausnehmen und auf einem Rost abkühlen lassen.

Buon appetito!

PUCCIA

Für 12 *Stück*

150 ml lauwarmes Wasser
4 g Trockenhefe
250 g Weizenmehl (Type 405)
4 g trockenes Backmalz
2 EL Olivenöl extra vergine
1 TL Salz

Außerdem
Mehl für die Arbeitsfläche

*Die **Puccia** entstammt der Backkunst Apuliens. Wer durch die Gassen Tarents spaziert, wird sogar Bäckereien finden, die ausschließlich Pucce zubereiten – original aus dem Holzofen. Der Name stammt vom lateinischen „buccellatum" (Happen) und war früher das Brot der Legionäre. Pucce gibt es traditionell in drei Varianten – weich oder knusprig: mit Oliven, mit Tomaten und Oregano und als pure Variante, der wir uns jetzt widmen, und die Sie ganz nach Belieben belegen können.*

ZUBEREITUNG:

Wasser und Trockenhefe in einer kleinen Schale vermengen, bis sich die Hefe recht gut aufgelöst hat. Das Mehl in eine Schüssel geben. Hefemischung, Malz und Öl hinzufügen. Alles gut vermengen und für 5 Minuten mit den Händen kneten. Salz hinzufügen und weitere 3 Minuten kneten.

Formen Sie den Teig anschließend zu einer Kugel und legen Sie diese in die Schüssel, decken Sie die Schüssel mit Frischhaltefolie und einem Geschirrtuch ab und lassen Sie den Teig an einem warmen Ort (z. B. im geschlossenen ausgeschalteten Backofen) 3 Stunden lang gehen.

Den Teig aus der Schüssel nehmen. Arbeitsfläche mit wenig Mehl bestäuben. Teilen Sie den Teig in 12 gleich große Stücke und formen Sie jedes zu einer kleinen Kugel. Ein Backblech mit Backpapier auslegen und den Ofen auf 230 °C (Umluft) vorheizen. Am besten backen Sie die Puccie in zwei Chargen à 6 Teiglinge.

Nehmen Sie also das erste Teigstück, dehnen Sie es kreisförmig mit den Fingern und drücken Sie es dabei platt. Ziel ist es, den Teig in einen etwa 3 mm dicken Fladen zu verwandeln. Sollte das mit den Fingern nicht gelingen, einfach das Nudelholz zu Hilfe nehmen. Den ersten Fladen auf das Backpapier legen und mit den nächsten 5 genauso verfahren. Sobald das Backblech voll belegt ist, in den Ofen schieben und die Fladen 5–10 Minuten backen. In der Zwischenzeit können Sie die übrigen 6 Teigfladen formen.

Attenzione: Sie gehen sehr schnell im Ofen auf, sodass sich in ihrer Mitte eine Luftblase bildet. Sobald sie Farbe angenommen haben, das Blech aus dem Ofen nehmen und mit der zweiten Charge fortfahren.

Die Puccie anschließend aufschneiden und nach Belieben belegen. Am besten noch warm genießen, denn kalt werden sie schnell trocken.

PANE INTEGRALE

Für 1 *Brot*

Für den Vorteig
175 g Weizenmehl (Type 550)
7 g frische Hefe
90 ml lauwarmes Wasser

Für den Teig
15 g frische Hefe
275 ml lauwarmes Wasser
225 g Weizenmehl (Type 550)
225 g Weizenvollkornmehl
2 TL Zucker
1 TL Salz
50ml Olivenöl extra vergine

Außerdem
Mehl für die Arbeitsfläche

Auch in der gesundheitsbewussten italienischen Küche wird Vollkornbrot immer beliebter. Dieses leckere Pane Integrale steckt voller Ballaststoffe und erhält durch das Olivenöl nicht nur eine knusprige Kruste, sondern auch eine weiche lockere Brotkrume. Zusammen mit einer dampfend heißen Suppe oder eine Peperonata, einer Sepzialität des Südens, wird es zu einem echten Seelenwärmer!

ZUBEREITUNG:

Für den Vorteig das Mehl in eine Schüssel geben. Hefe und Wasser miteinander vermengen, bis sich die Hefe aufgelöst hat. Das Hefewasser zum Mehl geben, alles mit einem Holzlöffel vermengen und anschließend mit den Händen zu einem glatten Teig verkneten. Den Teig in eine Schüssel geben, mit Frischhaltefolie abdecken und 8–10 Stunden im geschlossenen, ausgeschalteten Backofen ruhen lassen. Wenn der Teig nach dem Gehvorgang beginnt, wieder zusammenzufallen, ist er für die Weiterverarbeitung fertig.

Für den Teig Hefe im lauwarmen Wasser in einer großen Schüssel auflösen. Den Vorteig hinzugeben und gut vermengen. Mehle, Zucker, Salz hinzugeben und alles so lange verrühren, bis ein weicher Teig entstanden ist. Das Öl hinzufügen und mit dem Teig vermengen. Die Arbeitsfläche mit Mehl bestäuben, den Teig darauf geben und nun kräftig 8 Minuten kneten, bis ein glatter und elastischer Teig entstanden ist.

Den Teig in eine Schüssel geben, diese mit einem Geschirrtuch gut abdecken und den Teig im geschlossenen, ausgeschalteten Backofen 90 Minuten gehen lassen. Dabei verdoppelt er seine Größe.

Den Teig erneut auf die Arbeitsfläche geben. Kurz kneten und die Ränder unter den Teigleib schieben, bis eine Kugel entstanden ist. Den Teig dabei ein wenig drehen. Ein Backblech mit Mehl bestäuben. Den Teig daraufsetzen, mit einem Geschirrtuch abdecken und erneut 90 Minuten gehen lassen.

Ora s'inforna: Den Backofen auf 230 °C (Ober-/Unterhitze) vorheizen. Den Teig mit etwas Mehl bestäuben das Brot im heißen Ofen (Mitte) 15 Minuten backen. Die Hitze anschließend auf 220 °C reduzieren und weitere 20 Minuten backen. Um zu testen, ob das Brot fertig ist, klopfen Sie kurz auf die Unterseite: Wenn es hohl klingt, ist es soweit.

MAFALDE

Für 6 *Stück*

Für den Vorteig

100 g Hartweizenmehl (semola rimanciata di grano duro)

3 g Trockenhefe

70 ml lauwarmes Wasser

Für den Teig

250 g Hartweizenmehl (semola rimanciata di grano duro)

1 g Trockenhefe

150 ml lauwarmes Wasser

1 gehäufter TL Salz

Außerdem

ca. 50 g Sesam zum Garnieren

In Italien, besonders im Süden, ist Brot viel mehr als nur ein Lebensmittel: Es ist das Symbol der Traditionen, Geschmäcker und der Erzählungen, die Großmütter ihren Enkelkindern vortragen, während sie mit der Kraft ihrer Arme den Teig kneten. Der himmlische Duft, den diese Zopfbrötchen mit aromatischem Sesambelag beim Backen verströmen, versetzt mich jedes Mal sofort direkt nach Sizilien!

ZUBEREITUNG:

Für den Vorteig Mehl, Hefe und das Wasser in eine Schüssel geben. Dabei nach und nach mit den Händen verkneten, bis der Teig glatt ist. Anschließend zu einer Kugel formen, mit Frischhaltefolie sowie einem Geschirrtuch abdecken und 3 Stunden an einem warmen Ort (z. B. im geschlossenen ausgeschalteten Backofen) gehen lassen.

Den Vorteig sowie das übrige Mehl in eine tiefe Schüssel geben. Hefe und Wasser hinzufügen. Mit einem Holzöffel grob verrühren, dann mit den Händen 7 Minuten kneten, nach 5 Minuten das Salz hinzugeben. Zum Schluss den Teig auf der Arbeitsplatte noch kräftig weiterkneten – so wird er elastisch. Zuletzt den Teig in eine leicht flache, rechteckige Form bringen und der Länge nach wie eine Bettdecke dreimal falten.

Nun machen wir die „pirlatura“: Der Teig wird auf der Arbeitsplatte mittig mehrmals um seine eigene Achse gedreht, bis eine schöne Kugel entstanden ist, hierbei bitte eine Reibung zwischen dem Teig und der Arbeitsplatte erzeugen. Das verleiht ihm die richtige Konsitenz. Den Teig anschließend mit einem Geschirrtuch abdecken und 3 Stunden gehen lassen.

Teilen Sie den Teig anschließend in 6 gleich große Teile und rollen Sie jede Kugel mit den Handflächen zu einer 2–3 cm dicken und 50–60 cm langen Rolle aus. Den Teigstrang nun serpentinenartig schlängeln, sodass oben und unten jeweils 3 Biegungen entstehen. Zum Schluss wird das Ende von rechts nach links mittig über das Brot gelegt, als würde man es in zwei Hälften teilen. Während Sie so nach und nach die einzelnen Mafalde formen, decken Sie bitte die nicht bearbeiteten Teigrohlinge locker mit einem Geschirrtuch ab.

Geben Sie den Sesam in einen tiefen Teller und wälzen Sie die Mafalde darin. Anschließend auf ein mit Backpapier belegtes Blech geben, mit einem Geschirrtuch abdecken und im geschlossenen ausgeschalteten Ofen 1 Stunde gehen lassen. Das Blech nach dieser Zeit herausnehmen und den Backofen auf 230 °C (Ober-/Unterhitze) vorheizen. Dabei einen mit Wasser gefüllten Behälter auf den Boden des Backofens stellen.

Die Mafalde nun 20 Minuten im heißen Ofen (Mite) backen. Anschließend das Gefäß mit dem Wasser entfernen, die Hitze auf 200 °C reduzieren und die Mafalde weitere 10 Minuten backen. Aus dem Backofen nehmen und abkühlen lassen.

PANE AL CIOCCOLATO

Für 1 Springform (Ø 21 cm)

350 g Weizenmehl (Type 550)

1 ½ EL Backkakaopulver

½ TL Salz

2 EL Zucker

15 g frische Hefe

250 ml lauwarmes Wasser

2 EL weiche Butter

75 g Zartbitterschokolade (70 % Kakaogehalt)

Außerdem:

Mehl für die Arbeitsfläche

Öl zum Einfetten

geschmolzene Butter zum Bestreichen

TIPP:

Dieses Brot ist, anders als man vermuten könnte zwar schokoladig, aber nur leicht süßlich. Wer es süßer mag, bestreicht es zusätzlich noch mit Konfitüre oder einem anderen süßen Aufstrich!

Ein süßes Brot durfte in dieser Auflistung nicht fehlen. Dieses leckere Schokoladenbrot ist ideal für das in Italien so geliebte „süße“ Frühstück, z. B. bestrichen mit etwas Butter oder Frischkäse – ma attenzione: Wenn man einmal angefangen hat, mag man gar nicht mehr aufhören, davon zu naschen …

ZUBEREITUNG:

Geben Sie für den Teig Mehl, Backkakaopulver, Salz und Zucker in eine Schüssel. Vermengen Sie die Hefe mit 50 ml Wasser, bis sich die Hefe gut aufgelöst hat. Das Hefewasser mit dem restlichen Wasser zum Mehl geben und alles grob miteinander vermengen. Zum Schluss die Butter hinzugeben und leicht mit den Händen kneten.

Den Teig nun auf die Arbeitsfläche geben und mit den Händen etwa 5–8 Minuten lang zu einer glatten und elastischen Masse verkneten. Anschließend zu einer Kugel formen, in eine eingeölte Schüssel geben und diese mit einem Geschirrtuch abdecken. Den Teig im geschlossenen, aber ausgeschalteten, Backofen 1 Stunde gehen lassen. In der Zwischenzeit die Zartbitterschokolade fein hacken.

Geben Sie den Teig anschließend auf eine leicht bemehlte Arbeitsfläche und drücken Sie ihn mit den Händen ein wenig flach. Die gehackte Schokolade auf den Teig geben, vorsichtig einkneten und den Teig zu einer Kugel formen. Ein Stück Frischhaltefolie fetten, den Teig damit abdecken und 5 Minuten ruhen lassen.

Die Springform einfetten. Den Teig zu einem Brotlaib formen und in die Form geben. Mit der geölten Folie abdecken und im geschlossenen Backofen erneut 45 Minuten gehen lassen. Der Teig verdoppelt sich in dieser Zeit nahezu. Die Form anschließend herausnehmen und den Backofen auf 220 °C (Umluft) vorheizen.

Ora s'inforna: Backen Sie das Brot nun im heißen Backofen (Mitte) für 10 Minuten. Die Temperatur anschließend auf 190 °C reduzieren und für weitere 25–30 Minuten backen. Das Brot aus dem Ofen nehmen, sofort mit der geschmolzenen Butter bestreichen und dann vollständig auskühlen lassen.

ere deeply touched with the
y. He also believed that the

Paste salate – PIZZA, FOCACCIA & CO.

IL PIZZAIOLO E LA PIZZA

Über den Ursprung der Pizza hat man lange diskutiert, beginnend bei der Etymologie des Namens dessen, was inzwischen eines der meistverbreiteten Gerichte auf der Welt ist. Ob es vom lateinischen *pinsere* (ausziehen) oder aus dem altdeutschen Wort für „Biss“, das in Italien in etwa wie „bizzo“ klingen musste, herrührt, lässt sich nicht so genau sagen. Sicher ist nur, dass diese kreisrund ausgezogene Teigmasse nichts anderes ist, als die Fortentwicklung eines Brotes, welches bereits seit der Jungsteinzeit im gesamten Mittelmeergebiet verbreitet war: Schon die Alten Ägypter benutzten runde Teigfladen, die als „Servierteller“ dienten, um sie dann am Ende der Mahlzeit mit zu verzehren. Derartige Fladen findet man auch heute noch in unzähligen Formen: Vom sardischen Pane Carasau bis hin zum finnischen Rieska über die Focaccia, die katalonische Coca, das indische Naan, das georgische Khachapuri oder das türkische Pidabrot – schlussendlich ist die Pizza schon immer ein Weltgericht gewesen. Nichtsdestotrotz ist dieses flache und eher feste Brot aus der Antike weit entfernt von der Pizza, die wir heute in den *Pizzerie* oder als Street Food direkt auf die Hand genießen, deren Geburt eindeutig in Neapel zu lokalisieren ist.

Es gibt zahlreiche Quellen, die uns von der sog. „Proto-Pizza“ berichten: Ein kreisrunder Teig, der weder von Köchen noch von Bäckern zubereitet wurde, sondern eher von Handwerkern und mobilen Straßenverkäufern. Diese Quellen weisen dem Pizzabäcker-Berufsstand einen sehr bescheidenen Urspung zu. Bereits ab Ende des 16. Jh. war in Neapel die sogenannte „Mastronicola“ verbreitet, die mit Schweineschmalz, Käse, Basilikum und Pfeffer zubereitet wurde. Mastronicola, der Erfinder des Rezepts, war ein Straßenverkäufer, der sich dem lokalen Bedürfnis anzupassen wusste, ein nahrhaftes Gericht anzubieten, das flott beim Gehen auf der Hand verzehrt werden konnte und nur ein paar „spicci“ (umgangsprachlich für „Münzen“) kostete. Gleiches gilt für die Pizza Marinara, die ursprünglich nur mit Olivenöl, Knoblauch, Oregano und erst später auch mit Tomatensauce belegt wurde. Im 18. Jh. war sie die Abendmahlzeit der neapoletanischen Seeleute schlechthin, nachdem diese von langen Tagen auf See ausgehungert nach Hause kamen – einfach, aber köstlich!

Das, was die Pizza zu einer Ikone in der Welt und ihren großen Erfolg ausmacht, ist wahrscheinlich gerade ihre extreme Einfachheit und Zweckmäßigkeit. Gleichzeitig ist das Pizzabacken eine wahre Kunst: Die Kunst, aus bescheidenen, aber qualitativ hochwertigen Zutaten nach langer Zubereitungszeit ein köstliches Gericht zu kreieren. So ist die Pizza zu einem, oder vielleicht sollte man sagen, zu *dem* urtypischen Produkt der gastronomischen Tradition Italiens und damit weltweit zu ihrem Aushängeschild geworden.

Es ist kein Zufall, dass die kollektive Vorstellungswelt, die rund um die Pizza entstanden ist – die wir Italiener nicht ohne eine gewisse unternehmerische List in die weite Welt exportiert haben – auch maßgeblich von der Figur des Pizzabäckers abhängt: Wer stand in der Pizzaria nicht schon einmal staunend und ehrfürchtig daneben und sah zu, wie der Pizzaiolo den Pizzateig mit einer selbstverständlichen Leichtigkeit in die Luft wirft, als wäre es ein Sport? Das erfordert nicht nur jahrelange Übung, es braucht auch die passende Grundlage, denn ohne die richtige Glutenentwicklung ist der Teig nicht dehnbar genug und wird beim Werfen reißen. Aber warum wirft man den Teig überhaupt? Das Geheimnis besteht darin, dass der Teig während des Drehens in der Luft dünner wird, als wenn man ihn ausrollt. Das Werfen ist nicht nur eine beeindruckende Showeinlage, der Teig wird dadurch auch richtig in Form gebracht. Mittlerweile gibt es sogar Weltmeisterschaften in „Pizza-Akrobatik“!

Wir sagten zuvor bereits, dass eine klare Unterscheidung zwischen dem Berufsstand des Pizzabäckers vom Bäcker und Koch gemacht werden muss – das war eine der Grundvoraussetzungen für die Verbreitung des Produktes, wie wir es heute kennen. Weltberühmt ist die Anekdote über die Erfindung der Pizza Margherita, die als Meilenstein in der Geschichte der Pizza gilt. Obwohl die Zubereitung von einer Pizza mit viel Basilikum, Tomaten und Mozzarella bereits ein Jahrhundert zuvor verbreitet war, wurde sie erst 1889 zu einer Berühmtheit, als der Koch Raffaele Esposito dieses Rezept Königin Margherita di Savoia während ihres Besuchs in Neapel als Hommage an die Krone servierte. Danach sprach man auf einmal im ganzen Land von der „Pizza Margherita“. In der Folge wandelte sich das Bild der Pizza vom Arme-Leute-Essen zu einem Kunstwerk: Die Zubereitung auf neapolitanische Art wurde für die Welt „patentiert“ und wandelte sich allmählich zu einem ernstzunehmenden Geschäft.

»Das, was die Pizza zu einer Ikone in der Welt und ihren Erfolg ausmacht, ist ihre extreme Einfachheit und Zweckmäßigkeit.«

PIZZERIA
APERTO
Mr.MORGAN
food & drink
TRADITIONAL
ITALIAN

Ihre weltweite Expansion verdankt die Pizza vor allem der Migrationswelle während des Zweiten Weltkriegs. Man kann sogar sagen, dass die neapolitanische Pizza Nordamerika schneller eroberte als den Rest Italiens selbst: Es waren die vielen italienischen Auswanderer, die die italienische Gastronomie-Tradition jenseits des Atlantiks verbreiteten. Vor allem die Neapolitaner unter ihnen erkannten in der Pizza ein hervorragendes Geschäftspotential, die ihnen erst das Überleben sicherte und dann einen gewissen Reichtum bescherte. Eine Alternativströmung zur neapolitanischen Pizza wuchs in New York, San Francisco, Chicago und Toronto. Die Folgegenerationen von Italo-Amerikanern passten die Pizza in den folgenden Jahrzehnten dem Geschmack des Gastgeberlandes an und entfernten sich Schritt für Schritt von der Tradition ihrer Väter, sowohl bezüglich der Knettechniken als auch der Art, wie die Pizza belegt wurde.

Einen ähnlichen Effekt brachte die zeitgleiche Migration der Süditaliener in den Norden: In Mailand, Turin, Genua, Bologna und Rom sprossen *Pizzerie* und *Trattorie* mit Holzöfen hervor, wo man, obgleich nicht mit der gleichen amerikanischen Unzüchtigkeit, nach und nach von der originalen Pizza Marinara und Margherita abkam. So befanden sich die „echten" neapolitanischen Pizzabäcker zum Ende des 20. Jh. absurderweise in einer Art Blase, in der Einzigartigkeit und Tradition eher als „unpopulär" galten, war die Pizza doch mittlerweile in der ganzen Welt zu einem völlig anderen Gericht geworden. Aber gerade diese ehrfürchtige „Dickköpfigkeit" der Neapolitaner schützt heutzutage die ursprüngliche Pizza Napoletana in ihrer ganzen Einfachkeit und Ehrlichkeit, die seit Kurzem wieder unter der Obhut großer Pizzaketten mit Sitz in Neapel in ihrer originalen Fassung auf Weltreise unterwegs ist.

Heutzutage, während man in Chicago bei einer „deep dish pizza" vor Stolz strotzt und die Ananas in Kanada den Platz von Basilikum auf den Supersize-Pizzen der Fast-Food-Ketten eingenommen hat, schießen in Mailand die Gourmet-Pizzerien wie Pilze aus dem Boden, in Rom erlebt der Kult der Pizza vom Blech eine Neugeburt, und die echte neapolitanische Pizza wurde erst jüngst zum immateriellen UNESCO-Weltkulturerbe ernannt. Die heutigen *Pizzaioli* (Pizzabäcker) – laut UNESCO gibt es allein in Neapel 3.000 – folgen einer rigiden Ausbildung nach den traditionellen Methoden und haben zugleich die Aufgabe, zu experimentieren und zu personalisieren, kurz: ein „Weltsymbol" zu erneuern. Heute nimmt die Pizza nicht nur erneut ihre Stellung als „Königin des Street Food" ein, sondern wird gleichzeitig zum Gourmet-Produkt erhoben: Der Teig wird mit dem Mehl von antiken Saaten und alternativen Getreidesorten geknetet, die den langen Gehzeiten standhalten, die Bierhefe wird durch einen gesunden Sauerteig ersetzt, der Belag wird durch hochwertige Fleisch- und Wurstspezialitäten sowie unterschiedliche Käsesorten, saisonales Gemüse, Pesto, Trüffel und vieles mehr veredelt.

So hat sich in knapp mehr als einem Jahrhundert nach der ersten Margherita die Kunst des Pizzabackens von Neapel aus in der ganzen Welt in tausend und einer Art gezeigt, um nachträglich den Weg zur Ursprünglichkeit neu aufzunehmen, indem sie dem *Pizzaiolo* die Aufgabe erteilt, Hüter und Sprecher eines wahren italienischen Kulturerbes zu werden.

GRISSINI

Für 35–40 Stück

400 g Weizenmehl (Type 405)

4 g Trockenhefe

200 ml lauwarmes Wasser

3 EL Olivenöl extra vergine

3 g Salz

Zucker

Außerdem (nach Belieben)

Olivenöl zum Bestreichen

getrocknete Kräuter (z. B. Oregano)

Pesto rosso (aus dem Glas)

Immer, wenn man **Grissini** *auf den Tisch stellt, sind sie weg, bevor man schauen kann! Ich muss Ihnen ja nicht erklären, dass es sich um knusprig gebackene Stängel aus Brotteig handelt. Aber wussten Sie auch, dass ihre Ursprünge bis ins 17 Jh. zurückgehen? Hier stelle ich Ihnen eine köstlichere Variante dieses Rezepts aus Turin vor.*

ZUBEREITUNG:

Das Mehl in eine Schüssel geben. Die Hefe in 50 ml lauwarmes Wasser einrühren. Das Hefewasser, die restlichen 150 ml lauwarmes Wasser, Olivenöl, Salz und 1 Prise Zucker zum Mehl in die Schüssel geben und alles mit einem Holzlöffel grob vermengen. Anschließend den Teig mit den Händen 10 Minuten glatt kneten. Das ist etwas anstrengend, muss aber sein – doch die Mühe lohnt sich, versprochen!

Den Teig zu einer Kugel formen und zurück in die Schüssel geben. Die Schüssel mit einem Geschirrtuch abdecken und an einem warmen Ort (z. B. geschlossener und ausgeschalteter Backofen) 45 Minuten gehen lassen.

Backofen auf 180 °C (Ober-/Unterhitze) vorheizen. Ein Backblech mit Backpapier auslegen.

Lösen Sie aus dem Teig nun kleine Portionen (am Ende sollten es 35–40 Stück sein). Jede Portion zu dünnen, etwa 15–20 cm langen Strängen formen. Dazu die Teigportion auf der Arbeitsplatte (hier benötigen Sie kein Mehl auf der Arbeitsplatte, der Teig klebt nicht) mit den Handballen rollen und dabei leicht nach außen schieben. Mit den Händen evtl. noch links und rechts auseinanderziehen und anschließend leicht ineinander verdrehen. Sie können die Grissini nun entweder pur lassen oder nach Belieben auch mit rotem Pesto oder einer Mischung aus Olivenöl und Kräutern einpinseln.

Legen Sie die Grissini nun auf das Backblech und lassen Sie sie im heißen Ofen (Mitte) in 20 Minuten kross werden.

GRISPOLENTA

Für ca. 20 Stück

6 g Trockenhefe

190 ml lauwarmes Wasser

350 Weizenvollkornmehl

1 TL Salz

1 EL Olivenöl extra vergine

40 g weiches Butterschmalz

100 g Polenta (Maisgrieß)

Außerdem

Mehl und Polenta
für die Arbeitsfläche

Ein einfacher, aber spannender Begleiter friulanischer Mahlzeiten ist die ***Grispolenta****, eine Art Grissino aus Polenta-ähnlichem Teig. Dieses Rezept ist typisch für die Region Karnien in der Provinz Udine, die nahe der österreichischen und slowenischen Grenze liegt. Die Grispolente sind ca. 15 cm lang, daumendick und verdanken ihre rustikale Erscheinung der Oberfläche aus Maisgrieß.*

ZUBEREITUNG:

Die Hefe in 50 ml warmen Wasser vermengen. Das Mehl in eine Schüssel geben. Geben Sie nun das Hefewasser, das restliche Wasser und das Salz zum Mehl und vermengen Sie alles grob mit einem Holzlöffel. Olivenöl und Butterschmalz hinzufügen. Den Teig mit den Händen für 5–7 Minuten kräftig kneten, bis er elastisch ist. Anschließend zugedeckt bei Zimmertemperatur 30 Minuten gehen lassen.

Den Backofen auf 200–220 °C (Ober-/ Unterhitze) vorheizen und ein Backblech mit Backpapier auslegen.

Rollen Sie aus dem Teig nun so viele Stängel aus, bis die Masse aufgebraucht ist. Hierfür zunächst den Teig auf eine leicht bemehlte Arbeitsfläche geben und daraus 30 Kugeln formen, daraus nun die einzelnen Grießpolente formen: Jede Grießpolenta sollte ca. 20 cm lang und 2–2,5 cm breit sein. Anschließend einen weiteren Teil der Arbeitsfläche großzügig mit Maisgrieß bestäuben und die Grießpolenta darin wälzen, bis die Oberfläche rundum „paniert" ist.

Die Teigstangen auf das Backblech legen und im heißen Ofen (Mitte) ca. 20 Minuten lang backen, bis die Stängel goldbraun und knusprig sind. Herausnehmen und abkühlen lassen.

LINGUE DI SUOCERA

Für 10–12 *Stück*

4 g Trockenhefe

100 ml lauwarmes Wasser

200 g Weizenmehl (Type 405)

1 TL Salz

20 ml Olivenöl extra vergine

Außerdem

Olivenöl zum Bepinseln

Mehl für die Arbeitsfläche

Meersalz

getrocknete Kräuter
(z. B. Rosmarin, Basilikum, Oregano)
zum Garnieren (nach Belieben)

*Die **Lingue di Suocera** heißen übersetzt „Schwiegermutterzungen" und sind typisch für die Region Piemont. Sie weisen eine längliche, ungleichmäßige und sehr dünne Form auf, da sie klassischerweise von Hand ausgerollt werden. Sie sind die perfekten Begleiter für Aufschnitt und Käse oder zum Garnieren von Suppen. Ihr Teig kann mit Oliven, Kräutern wie Fenchel, Oregano, Gewürzen oder getrockneten Tomaten zusätzlich noch aromatisiert werden.*

ZUBEREITUNG:

Die Hefe in eine Schale geben, 50 ml lauwarmes Wasser dazugeben und beides miteinander verrühren, bis sich die Hefe aufgelöst hat. Mehl und Salz in eine Schüssel geben. Hefewasser und restliches Wasser zum Mehl hinzugeben. Zutaten mit einem Löffel grob vermengen. Olivenöl hinzufügen und anschließend den Teig 10 Minuten gründlich mit den Händen kneten bis er glatt und elastisch ist.

Formen Sie den Teig anschließend zu einer Kugel und bepinseln Sie die Oberfläche dünn mit Olivenöl. Legen Sie die Teigkugel in eine Schüssel und decken Sie sie mit einem Geschirrtuch ab. Lassen Sie den Teig nun mindestens 2 Stunden an einem warmen Ort gehen.

Den Backofen auf 180 °C (Ober-/Unterhitze) vorheizen und Backblech mit Backpapier auslegen. Geben Sie den Teig auf eine leicht bemehlte Arbeitsfläche und formen Sie 10–12 Kugeln daraus. Lassen Sie diese nun mit einem Geschirrtuch abgedeckt nochmals 10 Minuten ruhen. Rollen Sie die Teigkugeln mit einem Nudelholz länglich zu je etwa 2–3 mm dicken Zungen aus. Die Zungen sollten etwa 5 cm breit und 15 cm lang sein.

Die Zungen nun vorsichtig auf das Backblech legen und mit wenig Öl einpinseln, dann mit Salz und nach Belieben mit Rosmarin, Basilikum und Oregano bestreuen. Im heißen Ofen (Mitte) 20 Minuten lang backen, bis sie leicht gebräunt sind, anschließend herausnehmen und abkühlen lassen.

FOCACCIA GENOVESE

Für 1 kleines Backblech (25 x 40 cm)

300 g Weizenmehl (Type 405)
4 g Trockenhefe
190 ml lauwarmes Wasser
1 TL trockenes Backmalz
1 gehäufter TL Salz
2 EL Olivenöl extra vergine

TIPP:

Sie können die Focaccia zusätzlich nach Belieben mit getrockneten Kräutern und halbierten Kirschtomaten belegen oder nur mit Meersalz bestreut genießen.

Kaum eine Focaccia ist in der Welt so bekannt wie die weiche, saftige ***Focaccia Genovese****. Ihr Name stammt von dem genuesischen Wort „Fugassa", was so viel wie „über dem Feuer gebackenes Brot" bedeutet. In Genua ist die Focaccia der Snack schlechthin – sie schmeckt pur und frisch aus dem Ofen einfach köstlich, aber auch herzhaft mit Oliven, Zwiebeln oder Tomaten, die in den Teig mit eingebacken werden, oder einfach nur belegt mit Schinken und Käse.*

ZUBEREITUNG:

Das Mehl in eine Schüssel geben. Die Hefe in 30 ml lauwarmen Wasser auflösen. Das Hefewasser, das restliche Wasser, Malz, Salz und Olivenöl zum Mehl geben. Alles grob mit einem Löffel vermengen und mit den Händen 10 Minuten kräftig zu einem glatten Teig kneten. Den Teig in eine Schüssel geben und mit ein wenig Olivenöl einpinseln. Decken Sie die Schüssel mit einem Geschirrtuch ab und lassen Sie den Teig an einem warmen Ort 3 Stunden gehen.

Bestreichen Sie ein Blech mit Olivenöl, geben Sie den Teig darauf und drücken Sie ihn leicht flach. Streichen Sie nun die Oberfläche mit ein wenig Olivenöl ein und lassen Sie den Teig erneut abgedeckt für 30 Minuten an einem warmen Ort (z. B. geschlossener und ausgeschalteter Backofen) ruhen.

Heizen Sie den Backofen auf 190 °C (Ober/Unterhitze) vor.

Drücken Sie den Teig auf dem Blech in eine rechteckige Form mit 2–3 cm Höhe. Bestreichen Sie die Oberfläche des Teiges abermals mit ein wenig Olivenöl und drücken Sie nun mit den Fingerspitzen die typischen Mulden in den Teig. Die Focaccia anschließend im heißen Ofen (Mitte) 20–25 Minuten backen.

FOCACCIA DI RECCO

Für 1 *Blech*

Für den Teig

125 ml lauwarmes Wasser

20 ml Olivenöl extra vergine

1 TL Salz

200 g Manitobamehl (s. Tipp)

Für die Füllung

250 g Crescenza
(auch Stracchino, ital. Weichkäse, alternativ ein anderer Streich- oder Weichkäse, gerne auch mehr, nach Belieben)

30 ml Olivenöl extra vergine

2 TL Meersalz

Außerdem

Mehl für die Arbeitsfläche

Öl zum Einfetten

TIPP:

Seine besondere Elastizität erhält der Teig durch das Manitobamehl, das für dieses Rezept zwingend notwendig ist.

*Die **Focaccia di Recco** ist typisch für die kleine gleichnamige Gemeinde an der ligurischen Riviera di Levante. Ihre Geschichte geht auf die Zeit des 3. Kreuzzuges zurück, als die lokalen Bauern aufgrund der Invasionen der Sarazenen ins Inland flüchten mussten, wo sie sich häufig nur von Wasser, Grieß, Öl und Käse ernähren konnten. So entstand diese Focaccia, die später erst in den lokalen Restaurants angeboten und mit Beginn des Tourismus in den 1950er Jahren weltberühmt wurde.*

ZUBEREITUNG:

Wasser, Olivenöl und Salz in eine Schüssel geben und verrühren. Das Mehl nach und nach einstreuen und untermengen (z. B. in der Küchenmaschine oder mit den Knethaken eines Handrührgerätes). Sobald das Mehl vollständig in die Flüssigkeit eingearbeitet ist, den Teig 10 Minuten per Hand kneten. Dazu die Arbeitsfläche und Hände einmehlen, da er anfangs etwas mehr klebt. Das gibt sich mit der Zeit. Die Hände ggf. zwischendurch erneut einmehlen. Anschließend eine ovale Kugel formen und diese, in Frischhaltefolie gewickelt, 2 Stunden im Kühlschrank ruhen lassen. Den Teig halbieren, eine Hälfte wieder in die Folie wickeln und beiseitelegen.

Das Blech mit Öl einfetten. Die erste Teighälfte mit einem Nudelholz ca. 2 mm dick auf der Arbeitsplatte ausrollen. Die Hände ebenfalls etwas einölen, dann den Teig in die Form geben, dabei die Ecken etwas ausziehen, ohne, dass Löcher im Teig entstehen. Der Teig muss nun so dünn sein, dass man quasi hindurchschauen kann. Nun den Weichkäse in kleinen Häufchen teelöffelweise auf dem Teig verteilen und grob ausstreichen. Anschließend die zweite Teighälfte ebenfalls sehr dünn ausrollen und diese als Deckel auf den ersten Teig geben. Den oberen Teig ebenfalls bis an die Ecken ziehen und gut andrücken, sodass sich die beiden Teighälften verbinden. Nun mithilfe einer Gabel oder eines Messers kleine Risse in der Oberfläche verursachen, dann mit dem Olivenöl bepinseln und das Salz darüber streuen.

Den Backofen auf 250 °C (Umluft) vorheizen. Die Focaccia 10 Minuten im heißen Ofen (Mitte) backen, bis die Oberfläche eine goldene Farbe bekommt und schön knusprig ist. Die Focaccia anschließend herausnehmen und am besten noch warm genießen!

Variazione

Der Teig lässt sich alternativ auch einfach ohne Ausrollen formen: Hierfür die Hände einmehlen, den Teig etwas flach drücken, anschließend auf die nach oben ausgestreckten Finger beider Hände legen. Nun eine Bewegung der Hände von innen nach außen vornehmen. Teig dabei vorsichtig nach oben lupfen. Auf diese Weise wird der Teig immer dünner und vergrößert seine Oberfläche. Die Bewegung bedarf etwas Übung, ist aber schlussendlich einfacher als das Ausrollen des Teigs.

FARINATA DI CECI

Für 1 Auflaufform (20 x 15 cm)

100 g Kichererbsenmehl

300 ml lauwarmes Wasser

40 ml Olivenöl extra vergine

1 TL Salz

frisch gemahlener Pfeffer (nach Belieben)

TIPP:

Im Kühlschrank hält sich die Farinata abgedeckt bis zu 3 Tage.

Die Kichererbsenfarinata ist eine ligurische Spezialität aus Genua. Die Legende besagt, dass diese entstand, als Genua 1284 Pisa in der Seeschlacht von Meloria besiegte. Die Schiffe befanden sich auf dem Rückweg in einem Sturm. Einige Fässer Öl und Kichererbsenmehl kippten um, der Inhalt vermischte sich mit dem Salzwasser, das in hohen Wellen das Deck überschwemmte. Da es an Bord nicht mehr viel Essbares gab, wurde alles wieder eingesammelt und an der Sonne getrocknet, bis eine Art Crêpe entstand. Zurück in Genua wurde das Rezept neu aufgenommen, perfektioniert und – höhnisch den Besiegten gegenüber – „Gold aus Pisa" genannt.

ZUBEREITUNG:

Das Kichererbsenmehl in eine Schüssel geben und in der Mitte eine Mulde bilden. Nach und nach das Wasser in die Mulde geben und mithilfe des Schneebesens kräftig rühren, bis die Masse flüssig, gleichmäßig und klumpenfrei wirkt. Den Schaum, der sich ggf. an der Oberfläche gebildet hat, mit einem großen Löffel entfernen. Die Schüssel mit Frischhaltefolie abdecken und den Teig im Kühlschrank 5–8 Stunden ruhen lassen, zwischendurch immer mal wieder umrühren (etwa alle 2 Stunden). Anschließend 20 ml Öl und das Salz zugeben und alles gut verrühren.

Den Backofen auf 220 °C (Umluft) vorheizen, eine Auflaufform mit dem restlichen Öl gründlich einfetten und den Teig mit einer Kelle gleichmäßig in der Form verteilen. Der Teig steht nun 1–2 cm hoch.

È tempo d'infornare! Die Auflaufform im heißen Ofen (Mitte) positionieren und die Farinata 25 Minuten lang backen, bis die Oberfläche goldbraun und der Teig relativ fest erscheint. Anschließend herausnehmen und abkühlen lassen. Der Teig ist noch zu weich zum Schneiden, davon bitte nicht irritieren lassen, er härtet durch das Auskühlen nach, sodass er sich hinterher bequem in Stücke teilen lässt.

Die Farinate zum Schluss nach Belieben mit etwas Pfeffer bestreuen und entweder pur oder, wie die Genovesi sie als Street Food lieben, zwischen 2 Scheiben frischer Focaccia Genovese (s. S. 72) genießen.

SCHÜTTEL-BROT

Für 4 Stück

Für das Anstellgut

100 g Roggenmehl

100 ml lauwarmes Wasser

Für den Sauerteig

80 g Roggenmehl

80 g lauwarmes Wasser

10 g Anstellgut (s.o.)

Für das Schüttelbrot

130 ml lauwarmes Wasser

2 g Trockenhefe

80 g Roggenmehl

40 g Weizenmehl (Type 405)

1 TL Fenchelsamen

1 TL Kümmel

3 g Salz

Außerdem

Mehl für die Arbeitsfläche

TIPP:

Das übrige Anstellgut kann für weitere Schüttelbrote verwendet werden, muss aber zeitnah verarbeitet werden.

Es gibt nichts Schöneres als eine Brotzeit auf der Alm, wenn man durch die grünen Täler Südtirols wandert. Speck, Ziegenkäse und natürlich ***Schüttelbrot,*** *ein typisches würziges und knuspriges Brot aus der Region, sind dabei die Protagonisten.*

ZUBEREITUNG:

Bereiten Sie drei Tage im Voraus das Anstellgut zu: In einer kleinen Schüssel 25 g Mehl und 25 ml Wasser vermengen, mit Frischhaltefolie abdecken und 24 Stunden bei Zimmertemperatur stehen lassen. Erneut 25 g Mehl und 25 ml Wasser hinzugeben, gut mit dem Vorteig vermengen und wieder 24 Stunden abgedeckt stehen lassen. Am dritten Tag 50 g Mehl und 50ml Wasser hinzugeben und die Prozedur wiederholen. Nochmals 24 Stunden stehen lassen.

Für den Sauerteig Roggenmehl, Wasser und 10 g Anstellgut in einer Schüssel vermengen. Mit Folie abdecken und 24 Stunden bei Zimmertemperatur stehen lassen.

Für die Brote Wasser und Hefe in einer Schale vermengen, bis sich die Hefe aufgelöst hat. Das Hefewasser mit Roggenmehl, Weizenmehl, Fenchelsamen, Kümmel und Salz zum Sauerteig geben. Alles sehr gut miteinander vermengen. Der Teig ist nun homogen, aber noch recht flüssig (das bleibt er auch!). Die Schüssel mit einem Geschirrtuch abdecken und an einem warmen Ort (z. B. im geschlossenen, ausgeschalteten Ofen) 45 Minuten ruhen lassen.

Die Arbeitsfläche (mind. 30 x 30 cm) mit reichlich Mehl bestäuben (am besten mithilfe eines Siebs). Das ist wichtig, da der Teig ungewohnt flüssig ist und sich sonst nicht verarbeiten lässt. Mit einer Teigkarte vier Viertel separat als Fladen darauf verteilen. Das Mehl in ein Sieb geben und die Fladen ebenfalls mit Mehl bestäuben. Die Fladen mit einem Geschirrtuch abdecken und 30 Minuten ruhen lassen. Den Backofen auf 210 °C (Ober-/Unterhitze) vorheizen und ein Backblech mit Backpapier auslegen.

Verwenden Sie zum Schütteln der Brote eine Platte (z. B. die Rückseite eines zweiten Blechs, oder den Boden einer Spingform). Schieben Sie einen Pfannenwender mit Schwung unter das erste Teigviertel und stürzen Sie den Teig mit der mit Mehl bestäubten Seite auf die Schüttelplatte. Nun das Schüttelbrett in einer Auf- und Ab-Bewegung leicht „rütteln". Dadurch wird der Teig immer flacher und auf seiner Oberfläche bilden sich die typischen Kacheln. Ist der Teig zu einem Fladen geworden (etwa 1 cm dick), lassen Sie ihn auf das vorbereitete Blech gleiten. *Attenzione:* Schüttelt man zu lange, verbindet sich das Mehl zu sehr mit dem Teig und dieser lässt sich nicht mehr vom Schüttelbrett lösen!

Verfahren Sie mit den restlichen Fladen genauso. Sie sollten am Ende alle auf das Blech passen. Im heißen Ofen (Mitte) 25 Minuten kross backen. Dabei aufpassen, dass sie nicht zu dunkel werden. Anschließend herausnehmen und abkühlen lassen.

CHIFEL

Für 20–30 Stück

500 g mehligkochende Kartoffeln
1 Ei (Größe M)
150 g Weizenmehl (Type 405)
40 g weiche Butter
1 TL Salz
Pfeffer

Außerdem:
Maismehl für die Arbeitsfläche
Öl zum Frittieren

TIPP:

Für eine süße Variante einfach ein paar Löffel Zucker in den Teig geben und mit Puderzucker bestreut und Honig beträufelt servieren. Che bontà!

Die aus Kartoffeln hergestellten ***Chifel*** *(auch „Kipfel“ oder slowen. „kifelek“), sind eine Spezialität aus Triest und eine hervorragende Beilage für deftige Speisen. Sie schmecken aber auch süß mit Honig und Puderzucker. Triest war lange das Tor der Habsburger zum Mittelmeer. Den Gerüchten zufolge entstanden die ersten Chifel 1683 in Wien, als die Türken die Stadt besetzten. Um ihre Verachtung gegenüber den Besatzern zu zeigen, gaben die Bäcker ihrem Brot die Form einer türkischen Mondsichel.*

ZUBEREITUNG:

Die Kartoffeln waschen, in einem Topf mit Wasser bedecken und kochen, bis sie weich sind. Das dauert etwa 20–25 Minuten. Anschließend pellen, in einer Schale zu Mus zerdrücken und abkühlen lassen.

Das Ei in einer kleinen Schale aufschlagen und verquirlen. Mehl, Ei, weiche Butter, Salz und Pfeffer zu den Kartoffeln geben und gründlich miteinander vermengen. Da der Teig sehr klebt, ist das mit den Händen schwierig, geht aber mit einer Gabel oder einem Löffel sehr gut. Den Teig in der Schüssel mit Frischhaltefolie abdecken und 30 Minuten ruhen lassen.

Die Arbeitsfläche mit Maismehl bestäuben. Ein Drittel des Teiges darauf geben, mit den Händen flach drücken und auch die Oberseite leicht mit Mehl bestäuben. Der Teig sollte am etwa 5 mm sein (ausrollen kann man ihn nicht, daher muss er mit den Händen verteilt werden). Immer wenn der Teig zu klebrig wird, einfach noch etwas mit Mehl bestäuben.

Nun mit einem Glas (Ø 6–8 cm) Kreise ausstechen. Jeden Kreis in der Mitte falten und an der langen Kante etwas eindrücken, so dass Halbmonde entstehen. Mit dem restlichen Teig analog verfahren.

Legen Sie einen großen Teller mit Backpapier aus und erhitzen Sie das Öl in einem großen Topf. Zum Test, ob das Öl heiß genug ist, ein kleines Stückchen Teig in das Öl geben: Wenn das Öl sprudelt, ist es bereit. So viele Chifel in das Öl geben, dass sie noch nebeneinander Platz finden und für 3–4 Minuten frittieren, bis sie goldgelb sind. Sollten sie an der Oberfläche nicht ganz mit Öl bedeckt sein, einfach nach 2 ½ Minuten wenden.

Die frittierten Chifel kurz abtropfen lassen und auf das Backpapier legen. Mit den übrigen Chifel genauso verfahren.

TIGELLE

Für 5 Stück

Für den Teig

250 g Weizenmehl (Type 405)

4 g Trockenhefe

75 ml lauwarmes Wasser

75 ml zimmerwarme Milch (3,8 % Fett)

1 TL Salz

20 g weiches Schweineschmalz (alternativ Butterschmalz oder Butter)

Für den Belag

10 Scheiben Parmaschinken

100 g Baby-Spinat (alternativ Blattsalat, Rucola oder Feldsalat)

Olivenöl oder Butter zum Bestreichen

TIPP:

Sie können für die Tigelle natürlich auch andere Füllungen verwenden. Überaus köstlich schmecken z. B. eine Kombination aus Gorgonzola, Walnüssen und Birne oder auch Radicchio mit gebratener Salsiccia! Buon Appetito!

*Die **Tigelle** sind typische Focaccine aus Modena, die mit Schmalz zubereitet werden. Ihren Namen verdanken sie der „Tigelleria“, der traditionellen Backpfanne aus Terracotta, in der sie ursprünglich zubereitet wurden. Ob mit Prosciutto Crudo und Crescenza (ein Weichkäse) oder mit der traditionellen „cunza“ (ein Pesto aus der Region, bestehend aus Schmalz, Rosmarin und Knoblauch), sind sie immer ein unwiderstehlicher Genuss!*

ZUBEREITUNG:

Das Mehl in eine Schüssel geben. Hefe in lauwarmem Wasser auflösen. Hefewasser, Milch, Salz und weiches Butterschmalz zum Mehl geben. Alles mit den Händen 10 Minuten kneten. Der Teig sollte dabei glatt und elastisch werden. Zu einer Kugel formen, in der Schüssel belassen, mit einem Küchentuch abdecken und 2 Stunden gehen lassen.

Teilen Sie den Teig anschließend in 5 Portionen. Jede Portion zu einer Kugel formen, etwas plattdrücken, sodass die Oberfläche relativ gerade ist. Abermals mit einem Geschirrtuch abdecken und weitere 30 Minuten ruhen lassen

Eine beschichtete Pfanne ohne Fett erhitzen. Geben Sie die Teigrohlinge in die Pfanne und braten Sie sie von beiden Seiten in Summe etwa 3–5 Minuten, bis sie Farbe annehmen. Der Vorgang bedarf etwas Gespür. Die Brötchen dürfen nicht zu schnell gebraten werden, da sie sonst von außen verbrennen und innen noch roh sind. Daher lieber mit sanfter Hitze arbeiten und etwas länger warten. Die Zeitangabe hängt tatsächlich vom Herd und der Pfanne ab. Mit beschichteter Pfanne und Induktionsfeld (mittlere Hitze) 3 Minuten. Auf einem Gasherd mit gusseiserner Pfanne und bei mittlerer bis kleiner Hitze eher 10 Minuten.

Die fertigen Tigelle kurz auskühlen lassen, die Innenseiten anschließend nach Belieben mit Olivenöl oder Butter bestreichen und mit dem Spinat und dem Parmaschinken füllen. Am besten schmecken sie noch leicht lauwarm. *Che bontà!*

Variazione

Sie können die Tigelle auch auf einem mit Backpapier ausgelegten Blech im Backofen bei 190 °C (Ober-/Unterhitze) etwa 20 Minuten auf der mittleren Schiene backen, bis sie eine goldbraune Farbe annehmen. Allerdings schmeckt die Pfannenvariante deutlich besser!

PIADINA

Für 4 *Stück*

Für den Teig

250 g Weizenmehl (Type 405)

40 g sehr weiches Schweineschmalz (alternativ Butterschmalz)

½ TL Salz

½ TL Natron

80 ml lauwarmes Wasser

Für den Belag

4–8 TL Squacquerone (alternativ ein anderer Weich- oder Frischkäse)

8 Scheiben Parmaschinken (alternativ Kochschinken oder Salami)

80 g Rucola

TIPP:

Am meisten Spaß macht es, alle Zutaten für den Belag auf den Tisch zu stellen, sodass jeder seine Piadina nach Lust und Laune selbst befüllen kann.

*Die **Piadina Romagnola** zählt zu den beliebtesten Street-Food-Klassikern Italiens, vermutlich auch, weil sie so wunderbar wandelbar ist: Von Parmaschinken, Rucola und Squacquerone (ein Weichkäse) über Hummus bis hin zum Cesar Salad – egal, wie man sie belegt, sie schmeckt einfach köstlich! Das Rezept geht auf Zeit der Etrusker zurück und blieb dank seiner Einfachheit über Jahrhunderte hinweg als Brotzeit der Bauernfamilien erhalten. Ihre Blütezeit erlebte die Piadina ab den 1940ern, als sie an den Strandkiosken der Riviera als schneller Snack für kleines Geld angeboten wurde.*

ZUBEREITUNG:

Für den Teig lle Zutaten bis auf das Wasser gründlich mit den Händen vermengen. Nach und nach Wasser dazugeben und die Masse zu einem glatten Teig kneten. Der Teig ist recht fest, dabei aber ein wenig elastisch (Beim Daraufdrücken mit dem Finger federt der Teig zurück). Sollte er noch zu krümelig sein, einfach esslöffelweise flüssiges Schmalz hinzugeben.

Nach 5 Minuten Kneten zu einer Kugel formen, mit einem Küchentuch abdecken und 30 Minuten bei Zimmertemperatur ruhen lassen.

Teig in 4 gleich große Teile schneiden, jedes Stück erneut zu einer Kugel formen und weitere 30 Minuten abgedeckt ruhen lassen.

Auf der leicht bemehlten Arbeitsplatte jede Teigkugel mit einem Nudelholz etwa 2–3 mm dick ausrollen und rund zuschneiden. *Attenzione:* Die Fladen sollten wirklich dünn sein, da sie in der Pfanne noch etwas aufgehen. Will man sie später zum Füllen falten, brechen sie leicht, wenn sie zu dick sind.

Eine beschichtete Pfanne erhitzen und die Piadine ohne Zugabe von Fett pro Seite 90 Sekunden bis max. 2 Minuten nacheinander ausbacken. Der Teig sollte dabei stets um den Mittelpunkt gedreht werden, damit er eine gleichmäßige Bräune erhält. Sobald die Piadine goldbraun sind herausnehmen, nach und nach auf einem Teller stapeln und servieren.

BORLENGO MODENESE

Für 8 Stück (Ø 30 cm)

Für den Teig

250 g Weizenmehl (Type 405)

½ TL Salz

1 Ei (Größe M)

800 ml Wasser

10–12 TL Butterschmalz

Für den Belag

6 Zweige Rosmarin

10 Knoblauchzehen

280 g Schinkenwürfel

80 g geriebener Parmesan

Ein Gericht, das unweigerlich mit der Geschichte des Panarotals im Modeneser Apenningebirge verwurzelt ist. Lassen Sie sich beim Zubereiten geschmacklich nach Guiglia versetzen, wo jedes Jahr „La Festa del Borlengo" stattfindet – ein Stadtfest zu Ehren dieser Köstlichkeit. Wie die Guigliesi sagen, braucht man für ein perfektes Borlengo eine verzinnte Kupferpfanne mit einem Durchmesser von ca. 40–45, die Ausführung durch den „Borlengaio" ist aber mindestens ebenso wichtig – eine Kunst, die seit Jahrhunderten überliefert wird.

ZUBEREITUNG:

Mehl und Salz in eine Schüssel geben. Ei in einem kleinen Schälchen aufschlagen und verquirlen. Wasser und Ei zum Mehl geben und mit einem Schneebesen gründlich vermengen bis ein homogener, aber flüssiger Teig entstanden ist. Schüssel abdecken und 3–4 Stunden ruhen lassen. Während dieser Zeit setzt sich das Mehl am Boden der Schüssel ab. Davon nicht irritieren lassen. Kurz vor der Zubereitung der Pfannkuchen den Teig einfach noch einmal mit einem Schneebesen vermengen.

Nun zum köstlichen Belag (*la cunza*): Den Rosmarin waschen, die Nadeln abzupfen, den Knoblauch schälen. Knoblauch und Rosmarin sehr klein hacken und gut mit den Schinkenwürfeln vermengen. Die Cunza in eine Pfanne geben und den Speck bei mittlerer Hitze auslassen, ohne ihn zu kross werden zu lassen. In der Zwischenzeit den Parmesan reiben.

Eine große flache Pfanne (z. B. Crêpe-Pfanne) erhitzen und je Borlengo 1 TL Butterschmalz (ggf. etwas mehr) in die Pfanne geben, schwenken, damit sich das Fett verteilt. Wenn die Pfanne heiß ist, 1 fast volle Kelle Teig in die Pfanne geben und parallel durch eine schwenkende Bewegung der Pfanne den Teig sofort (!) verteilen. Er sollte sehr dünn und fast durchsichtig sein – er erinnert stark an einen Crêpe.

Den Teig etwa 2–3 Minuten (abhängig von seiner Dicke) fest werden lassen. Er ist fertig, sobald er sich von alleine vom Pfannenboden löst und fest geworden ist. Auf jedem Borlengo ein wenig von der cunza sowie etwas Parmesan verteilen und zweimal falten (ergibt ein Viertel). Mit einem Pfannenwender herausnehmen und unbedingt noch warm genießen.

TRAMEZZINI

Für 1 Kastenform (20 x 11 cm)

Für die Tramezzini
160 ml lauwarmes Wasser
40 ml lauwarme Milch
1 Pck. Trockenhefe
1 TL Zucker
200 g Weizenmehl (Type 405)
200 Manitobamehl
1 gestrichener TL Salz
20 ml Rapsöl

Außerdem
Butter zum Einfetten
Mehl für die Arbeitsfläche und für die Form

***Tramezzini** stammen ursprünglich aus Turin und sind in Italien der Snack-Klassiker schlechthin. Kein Wunder, dass sie so beliebt sind, denn schon mit wenigen guten Zutaten belegt, schmecken sie absolut köstlich! Wer mag, gibt lediglich etwas Butter und eigelegte Sardellen oder etwas Räucherlachs mit Rucola und Robiola (ein Frischkäse) darauf. Auch mit Bresaola, Rucola und Parmesanspänen sind sie ein echter Genuss, genauso wie mit eingelegtem Grillgemüse wie Paprika, Zucchini und Auberginen!*

ZUBEREITUNG:

Zunächst Wasser und Milch miteinander vermengen. *Attenzione:* Beides muss auf jeden Fall lauwarm sein, damit die Hefe reagiert. Anschließend Trockenhefe und Zucker hinzufügen und umrühren.

Beide Mehlsorten in eine Schüssel sieben und das Salz hinzugeben. Die Hefelösung sowie das Öl zum Mehl geben und mit den Händen 5–7 Minuten zu einem glatten Teig kneten. Aus dem Teig eine Kugel formen, in eine Schüssel legen, diese mit einem Geschirrtuch bedecken und im ausgeschalteten Ofen 1 Stunde bei Zimmertemperatur gehen lassen.

Nach dieser Zeit den Teig mit den Händen auf der leicht bemehlten Arbeitsfläche vorsichtig flach zu einem 5 mm dicken Rechteck drücken und über die kurze Seite längs zu einer Rolle aufwickeln. Die Rolle in drei Teilen übereinander einschlagen und dadurch wieder einen Brotlaib formen. Diese Form bei Bedarf noch etwas festigen.

Eine Kastenform mit ganz wenig Butter einfetten, etwas Mehl auf den Boden und die Wände geben und alles gleichmäßig verteilen, überschüssiges Mehl in das Spülbecken klopfen. Nun den Teig in die Form geben, abermals mit einem Geschirrtuch bedecken und wie zuvor an einem warmen Ort 45 Minuten gehen lassen.

Den Backofen auf 200 °C (Umluft) vorheizen und das Brot im heißen Ofen (Mitte) backen, bis es eine goldene Kruste erhält. Das dauert etwa 30–40 Minuten. Anschließend herausnehmen, gut abkühlen lassen und mit einem glatten Messer in Scheiben schneiden.

affected by a perplexing paralysis whereby he didn't have the
strength of will to bend the bank into buying and he didn't
have the guts to call their bluff, and because of that everyone
dered why she had ever doubted Woolfman. He wa
monster, a public-relations superstar, a hero.
433

CHICHÌ RIPIENO

Für 2–3 *Stück*

Für den Teig

700 g Weizenmehl (Type 550)

300 ml Wasser

1 Pck. Trockenhefe

3 EL Olivenöl extra vergine

1 EL Salz

Für die Füllung

140 g gegrillte Paprika (aus dem Glas)

3 Sardellenfilets (aus dem Glas)

6 Kapern (aus dem Glas)

100 g grüne Oliven (entsteint, aus dem Glas)

100 g Artischocken (aus dem Glas)

140 g Thunfisch (aus der Dose)

Salz, Pfeffer

Außerdem

1 EL Olivenöl zum Bepinseln

TIPP:

Die leckere Füllung eignet sich auch wunderbar als Aufstrich für Bruschette!

*Das **Chichì Ripieno** ist ein Gericht aus dem mittelalterlichen Dorf Offida in der Region Marche, das einem flachen gefüllten Pizzabrot ähnelt. Im lokalen Dialekt bedeutet „chichì" übersetzt „Pizza". Seit 1968 findet an jedem ersten Sonntag im August die „Sagra del Chichì Ripieno", das Stadtfest zu Ehren dieser Spezialität, statt – ein wahrer Schmelztigel von Bildern, Aromen und Geschmäckern, der die engen Gassen des kleinen Burgdorfs erfüllt.*

ZUBEREITUNG:

Alle Zutaten für den Teig (außer Salz) in einer tiefen Schüssel mit den Knethaken des Handrührgeräts 5 Minuten lang kneten. Das Salz erst in der letzten Minute zugeben und alles mit den Händen zu einem glatten und elastischen Teig kneten. Die Schüssel gut abdecken und bei Zimmertemperatur 1 Stunde gehen lassen.

In der Zwischenzeit die Zutaten für die Füllung grob in einem Mixer pürieren. Anschließend nach Belieben mit Salz und Pfeffer würzen. Den Teig halbieren, die erste Hälfte auf einem Blatt Backpapier mit dem Nudelholz dünn ausrollen, anschließend die Füllung auf dem ausgerollten Teig verteilen, dabei 1–1,5 cm bis zum Rand frei lassen, damit Sie anschließend den Deckel gut befestigen können.

Jetzt die zweite Hälfte des Teigs ebenso dünn ausrollen, auf die untere Lage positionieren und den Rand ringsum gut zudrücken, damit keine Füllung herausfließen kann.

Den Backofen auf 200 °C (Ober-/ Unterhitze) vorheizen. Ein Backblech mit Backpapier auslegen.

Mithilfe eines Zahnstochers ein paar kleine Löcher in die Oberfläche pieksen, damit sich beim Backen keine Blasen bilden – gleichzeitig entsteht dadurch ein schönes Muster! Zum Schluss die Oberfläche mit Olivenöl bepinseln und mit Salz bestreuen.

Ora s'inforna! Das Chichì auf das Blech geben und im heißen Ofen (Mitte) 15–20 Minuten backen, bis die Oberfläche goldbraun ist! Herausnehmen, kurz abkühlen lassen und noch warm mit einem Rosso Piceno, einem typischen Rotwein aus der Region Marken, genießen!

CRESCIA SFOGLIATA

Für 5 Stück

300 g Weizenmehl (Type 405)

1 TL frisch gemahlener Pfeffer

75 g weiches Schweineschmalz (alternativ Butterschmalz)

3 Eier (Größe M)

1 TL Salz

40 ml Milch

Außerdem

Schweine- oder Butterschmalz zum Bestreichen

TIPP:

Sie können Ihre Cresce nach Belieben belegen. Eine köstliche Variante ist z. B. klein gewürfelte, kurz angebratene Salsiccia in Verbindung mit einem Weichkäse wie Squacquerone oder Stracchino.

*Die **Crescia Sfogliata** ist ein typisches Rezept aus Mittelitalien, das am Urbiner Hof zubereitet wurde. Warum stammt das Rezept ausgerechnet aus einer Hofküche? Die Antwort liefert eine spezielle Zutat: Der Pfeffer, den sich früher nur Adelige leisten konnten. Man sagt, dass eine der Hofdamen damals ein Brot herstellen wollte, das die Farbe und Form der Sonne haben sollte. Das Rezept ist recht komplex, damit die Crescia blättern kann, aber es ist die Arbeit allemal wert! Die Crescia hat eine gewisse optische Ähnlichkeit mit der Piadina, ist aber ein komplett anderes Gericht. Denn während die Piadina das alltägliche Essen der armen Leute war, wurde die Crescia nur zu Feierlichkeiten bei Hofe zubereitet.*

ZUBEREITUNG:

Mehl und Pfeffer in eine Schüssel geben. 50 g Schmalz, Eier und Salz hinzufügen. Alles gut miteinander vermengen und dann gründlich mit den Händen zu einem homogenen Teig verkneten. Anschließend nach und nach Milch hinzugeben, bis ein elastischer Teig entsteht. Das dauert ca. 5 Minuten, ggf. wird dazu nicht die gesamte Milchmenge benötigt. Zu einer Kugel formen, mit Frischhaltefolie bedecken, damit er nicht austrocknet, und 30 Minuten bei Zimmertemperatur ruhen lassen.

Teilen Sie den Teig nun in 5 Stücke (à ca. 110 g) und rollen Sie jedes Stück mithilfe eines Nudelholzes zu einem sehr dünnen Rechteck (15 x 25 cm) aus, dabei bitte mehrfach wenden, denn so lässt er sich besser flach ausrollen. Die Oberfläche des Teiges mit 1 TL Butterschmalz bestreichen. Rollen Sie den Teig nun von der kurzen Seite ausgehend auf und formen Sie eine Schnecke. Verfahren Sie mit den anderen Teigstücken ebenso. Die Schnecken auf einen Teller legen, nochmals mit Folie abdecken und 60 Minuten ruhen lassen.

Nun backen wir die Cresce aus: Erhitzen Sie hierzu bitte eine beschichtete Pfanne ohne Fett. Rollen Sie jede Schnecke mithilfe eines Nudelholzes jeweils zu einem dünnen Fladen aus, dabei immer wieder wenden, um das Ausrollen zu vereinfachen. Nun können Sie die Fladen nacheinander bei mittlerer Hitze von beiden Seite je 1 ½ –2 Minuten braten, bis sie von beiden Seiten braune Flecken bekommen. Die fertigen Cresce auf einen Teller geben und warm halten. Unbedingt heiß servieren, dann sind sie ein unendlicher Genuss!

TORTA SALATA AI CARCIOFI

Für 1 Tarteform (Ø 28 cm)

Für den Teig

250 g Weizenmehl (Type 405)

60 ml Olivenöl

120 ml Wasser

1 TL Salz

Für die Füllung

2 Schalotten

2 Knoblauchzehen

1 Stängel Petersilie

2 EL Olivenöl

Salz, Pfeffer

ca. 7 Artischockenherzen (aus dem Glas, Abtropfgewicht 330g, nach Möglichkeit nur in Öl mariniert)

50 g Speck (am Stück)

70 g geriebener Parmesan

100 g geriebener Mozzarella

2 Eier (Größe M)

100 ml Milch

Außerdem

1 Handvoll getrocknete Kichererbsen

1 Handvoll gehackte Petersilie zum Garnieren (nach Belieben)

Diese Artischockenquiche erinnert jeden Italiener an den würzigen Duft des Herbstes in Umbrien: Auf den grünen Wiesen gedeihen die Artischocken, die Schafe weiden, die Olivenernte steht an und die Sibillinischen Berge zeigen sich in den schönsten Farben. Für die letzten Ausflüge des Jahres ins Grüne ist diese Quiche wie geschaffen!

ZUBEREITUNG:

Vermengen Sie zunächst alle Zutaten für den Teig in einer Schüssel und verkneten Sie alles etwa 5 Minuten zu einem Teig. Dieser erscheint anfangs recht flüssig, aber das gibt sich durch gründliches und langes Kneten. Anschließend mit Frischhaltefolie bedecken und 30 Minuten kalt stellen.

In der Zwischenzeit bereiten wir die Füllung zu: Hierfür Schalotten und Knoblauch schälen und in feine Ringe schneiden. Petersilie waschen, trocken schütteln und fein hacken. Olivenöl in einer Pfanne erhitzen, Schalotten und Knoblauch 2 Minuten darin anschwitzen, anschließend Petersilie zugeben und mit Salz und Pfeffer würzen. Artischocken aus dem Glas nehmen, vierteln und ebenfalls in die Pfanne geben. Weitere 2 Minuten bei mittlerer Hitze braten. Speck in feine Streifen schneiden zum Gemüse geben, 3 Minuten braten.

In einer Schüssel Parmesan, Mozzarella, Eier und Milch miteinander vermengen.

Den Backofen auf 180 °C (Ober-/Unterhitze) vorheizen. Eine Springform gut mit Öl fetten.

Den Teig aus dem Kühlschrank nehmen, 5 mm dick ausrollen und die Springform mit dem Teig auslegen, dabei einen kleinen Rand bilden. Überschüssigen Teig ggf. abschneiden, er wird nicht mehr benötigt. Den Teig mit einer Lage Backpapier bedecken und mit Kichererbsen beschweren, anschließend im heißen Ofen (Mitte) 20 Minuten blind backen.

Die Form aus dem Ofen nehmen, das Backpapier mit den Kichererbsen entfernen. Die Füllung auf den Teig geben, gut verteilen und anschließend gleichmäßig mit der Eier-Käse-Mischung übergießen. Den Backofen auf 180 °C (Umluft) umstellen und die Quiche für ca. 20 Minuten backen, bis sie eine goldene Färbung angenommen hat. Sie ist sowohl warm als auch kalt ein Genuss und sieht mit etwas Petersilie garniert einfach zum Anbeißen aus!

PIZZ'ONTA

Für 4–5 *Stück*

Für den Teig

5 g frische Hefe

150–180 ml lauwarmes Wasser

300 g Weizenmehl (Type 405)

½ TL Salz

1 TL Rohrzucker

1 EL Olivenöl extra vergine

Für den Belag

1–2 Zweige Rosmarin

200–250 g Mozzarella

12–15 dünne Scheiben Lardo di Colonnata (ital. Bauchspeck, mind. 60 % Fettanteil, alternativ Pancetta oder ein anderer durchwachsener Bauchspeck)

Salz, Pfeffer

Außerdem

Öl zum Einfetten

Öl zum Frittieren (oder für den authentischeren Geschmack: Schweineschmalz)

*Die **Pizz'onta** („getränkte Pizza") ist ein Pizzateig, der in Öl oder Schmalz frittiert wird. Wie bei vielen volkstümlichen Gerichten gibt es unendlich viele Varianten – von gekochter Kartoffel bis zu Milch im Teig … sozusagen eine Rezeptur ohne Rezept! Tatsache ist: Ob herzhaft oder süß, auf keinem Dorffest in den Abruzzen werden Sie dieses köstliche Street Food missen müssen. Als „Arme-Leute-Essen" entstanden, mussten die Pizz'onte groß genug sein, um einen Reisenden oder Arbeiter zu sättigen, und wurde seit jeher von Aufschnitt, Käse und natürlich den „arrosticini", Spießen aus saftig gegrilltem Lammfleisch, begleitet.*

ZUBEREITUNG:

Für den Teig die Hefe in einem kleinen Teil des Wassers auflösen. Alle weiteren Zutaten (außer das Salz) in eine Schüssel geben und vermengen. Anschließend nach und nach Wasser zugeben und dabei mit den Knethaken des Handrührgeräts 5 Minuten lang zu einem Teig kneten, zuletzt das Salz zugeben und 1–2 Minuten weiterkneten, bis ein glatter und gleichmäßiger Teig entsteht, hierfür ggf. die letzten 1–2 Minuten mit den Händen kneten. Die Schüssel mit Frischhaltefolie abdecken und den Teig 1 Stunde gehen lassen, er wird in dieser Zeit schöne Blasen werfen.

Danach den Teig in 4–5 Rohlinge à ca. 60–70 g teilen und diese auf einem leicht geölten Blech nochmals 30 Minuten gehen lassen. In der Zwischenzeit die Rosmarinzweige waschen, trocken schütteln, die Nadeln ab- und nach Belieben etwas kleiner zupfen. Den Mozzarella in Scheiben schneiden oder grob in Stücke zupfen.

In einem tiefen und breiten Topf das Öl oder das Schmalz zum Frittieren erhitzen. Die Rohling eentweder mit der Handfläche oder mit einem Nudelholz flach drücken, je dünner sie sind, desto knuspriger werden sie später – das ist Geschmackssache!

Die Teiglinge nun jeweils 2–3 Minuten lang frittieren, dabei mit einer Kelle das brodelnde Fett über die Oberseite geben, damit der Teig luftiger wird. Je nach Größe des Topfs können Sie 1–3 Pizz'onte gleichzeitig frittieren, wichtig ist nur, dass alle gleichzeitig auf der Öloberfläche schwimmen können.

Geben Sie die heißen Pizz'onte auf genügend Küchenpapier und lassen Sie diese kurz abkühlen. Belegen Sie die knusprigen Pizze nun mit 2–3 Scheiben Lardo di Colonnata und ein paar Fetzen Mozzarella und bestreuen Sie sie zum Schluss nach Belieben mit Salz, Pfeffer und Rosmarin. *Buon appetito!*

PIZZA MARGHERITA

Für 2 *Stück*

Für den Teig
150 ml lauwarmes Wasser
4 g Trockenhefe
100 g Manitobamehl
150 g Weizenmehl (Type 405)
1 TL Salz
2 EL Olivenöl extra vergine

Für den Tomatensugo
200 ml passierte Tomaten (aus der Dose)
1–2 TL getrockneter Oregano
1–2 TL getrocknetes Basilikum
Salz
1 EL Olivenöl extra vergine

Für den Belag
250 g Mozzarella (Abtropfgewicht)
frische Basilikumblätter (nach Belieben)

Außerdem
Mehl für die Arbeitsfläche
1 Pizzastein (nach Belieben)

Das Herz einer echten Pizza ist ihr Teig, der lediglich aus Mehl, Wasser, Salz und Hefe zubereitet wird. So einfach es klingt, so viel Übung bedarf es, bis man den Dreh raus hat! Ganz wichtig: Der Teig wird niemals mit dem Nudelholz ausgerollt, sondern rigoros von Hand, ohne dabei die Ränder zu berühren, schließlich sollen sie beim Backen bis zu 1–2 cm aufgehen! Die klassische ***Pizza Margherita*** *wird mit Zutaten in den Nationalfarben Italiens belegt: Tomatensugo, Mozzarella und Basilikum.*

ZUBEREITUNG:

Für den Teig Wasser und Trockenhefe in ein Schälchen geben und miteinander vermengen, bis sich die Hefe aufgelöst hat. Mehle und Salz in eine Schüssel geben und miteinander vermischen. Eine Kuhle hineindrücken und das Hefewasser in die Kuhle laufen lassen. Olivenöl hinzugeben und alles miteinander vermengen. 5 Minuten mit den Händen zu einem glatten Teig kneten und zu einer Kugel formen. Die Schüssel mit einem Geschirrtuch abdecken und den Teig an einem warmen Ort (z. B. im geschlossenen Backofen) 2 Stunden gehen lassen. *Attenzione:* Während der Gehzeit das Geschirrtuch nicht anheben!

Den Teig anschließend aus der Schüssel nehmen, halbieren, aus beiden Hälften erneut zwei Kugeln formen. Die Kugeln nebeneinander auf ein Backblech setzen, erneut mit einem Tuch abdecken und 30 Minuten ruhen lassen.

In der Zwischenzeit passierte Tomaten, Kräuter, Salz und Olivenöl in einen kleinen Topf geben und zum Köcheln bringen. 5 Minuten bei geringer Hitze köcheln lassen. Mozzarella in einem Sieb abtropfen lassen und in kleine Fetzen zupfen.

Den Backofen auf 250 °C (Ober-/Unterhitze) vorheizen. Ein Blech mit Mehl bestäuben und den ersten Teigrohling mit den Händen zu einem flachen Pizzaboden formen. Dafür den Teig aus der Mitte heraus mit den Handflächen in kreisförmigen Bewegungen nach außen schieben. Den Rand 1–1,5 cm dick lassen, in der Mitte sollte der Teig jedoch hauchdünn sein.

Den Teig mit der Hälfte des Tomatensugos bestreichen und mit der Hälfte des Mozzarella belegen. Die Pizza im heißen Ofen (Mitte) 10–15 Minuten backen, bis die Ränder eine goldene Farbe annehmen. Wer will, kann zusätzlich einen Pizzastein verwenden. Mit dem zweiten Teigrohling ebenso verfahren. Vor dem Servieren die Pizza mit frischen Basilikumblättern belegen. *Ecco, che buona!*

PIZZA FRITTA MONTANARA

Für 6 Stück (Ø 15 cm)

150 ml lauwarmes Wasser

4 g Trockenhefe

250 g Weizenmehl (Type 405)

1 TL Salz

Für den Tomatensugo

100–150 g stückige Tomaten (aus der Dose)

1 Knoblauchzehe

1 TL getrockneter Oregano

1 TL getrocknetes Basilikum

1 gestrichener TL Salz

Für den Belag

200 g Mozzarella (Abtropfgewicht)

50 g gehobelter Parmesan

Außerdem

Öl zum Frittieren

TIPP:

In Neapel wird diese Pizza auch oft mit einem Belag aus Ricotta, Salsiccia, Tomaten, Basilikum und Mozzarella serviert. Wenn Sie in Neapel sind, sollten Sie dieses Gericht unbedingt in der Pizzeria Concettina ai Tre Santi probieren!

*Die **Pizza Fritta Montanara** ist ein historisches Gericht aus der neapolitanischen Küche und galt früher wie die Pizza Napoletana, deren Teig auch hier die Basis bildet, als Arme-Leute-Essen. Hinzu kommen einfache Zutaten wie ein Sugo aus San-Marzano-Tomaten, Mozzarella und etwas Parmesan. Buon Appetito!*

ZUBEREITUNG:

Für den Teig Wasser und Trockenhefe in ein Schälchen geben und miteinander vermengen, bis sich die Hefe aufgelöst hat. Mehl in eine Schüssel geben, Salz hinzufügen und unterrühren. Das Hefewasser hineinlaufen lassen. Alles miteinander vermengen und anschließend 5–7 Minuten lang mit den Händen zu einem glatten Teig verkneten. Den Teig zu einer Kugel formen. Die Schüssel mit einem Geschirrtuch abdecken und an einem warmen Ort (z. B. im geschlossenen Backofen) 2 Stunden gehen lassen. *Attenzione:* Das Geschirrtuch während der Gehzeit bitte nicht anheben!

Den Teig anschließend in 6 Rohlinge teilen und diese zu 5 mm flachen Fladen drücken. Diese nebeneinander anordnen, abermals mit einem Geschirrtuch abdecken und 30 Minuten lang ruhen lassen.

In der Zwischenzeit für den Sugo Tomaten in einen kleinen Topf geben. Knoblauch schälen und in die Tomatensauce pressen. Kräuter und Salz hinzugeben. Alles verrühren, erhitzen und 5 Minuten bei geringer Hitze köcheln lassen. Mozzarella in einem Sieb abtropfen lassen und in grobe Stücke zupfen.

Öl zum Frittieren erhitzen (z. B. in einem Wok oder einer tiefen Pfanne). Die Teigrohlinge nun zu Fladen von Ø 10–15 cm formen und den ersten in das heiße Fett geben. Von jeder Seite 2–3 Minuten frittieren, bzw. bis jede Seite eine goldene Farbe angenommen hat. Aus dem Öl nehmen und auf einem Stück Backpapier abtropfen lassen. Mit den übrigen Fladen genauso verfahren, bis alle frittiert sind.

Zum Servieren Tomatensauce auf die Mitte der Pizze geben, anschließend mit Mozzarella und Parmesan belegen. Unbedingt heiß servieren, denn so schmecken sie am besten!

TARALLI

Für ca. 30 Stück

250 g Weizenmehl (Type 405)

6 g Salz

70 ml Olivenöl extra vergine

80 ml trockener Weißwein

TIPP:

Aromatisieren Sie Ihre Taralli gerne nach Belieben mit Ihren Lieblingsgewürzen: Pfeffer, Fenchelsamen, Chili oder auch Oregano und Rosmarin.

Klein oder groß, herzhaft oder süß, das sind ***Taralli****. Die kleinen knusprigen Kringel stammen ursprünglich aus Apulien und werden mittlerweile weltweit, ähnlich wie Grissini, gerne zwischendurch geknabbert oder zu einem guten Glas Wein genossen.*

ZUBEREITUNG:

Alle Zutaten bis auf den Wein in eine Schüssel geben und mit den Händen verkneten. Dabei entsteht eine streuselige Masse. Anschließend nach und nach den Wein hinzugeben und weiterkneten. Der Teig sollte nicht zu trocken sein. Ist er nach wie vor zu krümelig, geben Sie einfach noch Weißwein hinzu. Kneten Sie anschließend noch 5 Minuten weiter, bis er zu einer glatten Masse geworden ist.

Trennen Sie vom Teig walnussgroße Stücke ab und formen Sie jedes Stück zu einer 8–10 cm langen und 5–10 mm dicken Kordel. Die Kordel nun an den Enden so übereinanderlegen, dass in der Mitte ein Hohlraum ist.

In einem Topf 2 l Wasser zum Kochen bringen. Taralli portionsweise in das kochende Wasser geben (aber immer nur so viele, dass sie nicht aufeinander liegen). Sobald sie an die Oberfläche steigen (das dauert maximal 1 Minute), mit einem Sieb aus dem Wasser nehmen und auf ein sauberes Geschirrtuch geben. Verfahren Sie mit den übrigen Taralli genauso und lassen Sie sie anschließend leicht abkühlen.

Währenddessen den Backofen auf 190 °C (Unter-/Oberhitze) vorheizen und ein Backblech mit Backpapier auslegen. Geben Sie die Taralli mit etwas Abstand zueinander auf das Blech und backen Sie sie im heißen Ofen (Mitte) in 30–40 Minuten knusprig. Anschließend herausnehmen und abkühlen lassen.

FOCACCIA BARESE

Für 2 Springformen (je Ø 32 cm)

Für den Teig

100 g mehligkochende Kartoffeln

300 g Weizenmehl (Type 550)

200 g Hartweizenmehl (semola rimanciata di grano duro)

½ Pck. Trockenhefe

300–350 ml kaltes Wasser

2 TL feines Meersalz

50 ml Olivenöl extra vergine

Für den Belag

20 schwarze entsteinte Oliven (aus dem Glas)

1 EL getrockneter Oregano

feines Meersalz

400 g Kirschtomaten

Außerdem

Olivenöl zum Einfetten

TIPP:

Durch die Zugabe der Kartoffeln bleibt der Teig länger saftig. Wer die zweite Kugel nicht sofort backen möchte, kann diese noch 2 Tage lang im Kühlschrank aufbewahren. Vor der Weiterverarbeitung sollte der Teig dann mindestens 3 Stunden bei Raumtemperatur quellen.

*Die **Focaccia Barese** ist in der Hafenstadt Bari die Brotzeit schlechthin und aus der apulischen Backkultur nicht wegzudenken. Bereits am frühen Morgen durchströmt der süßliche Duft von Kirschtomaten und Oregano die engen Gassen der Altstadt. Ob in der Schule, am Strand oder vor dem Fußballspiel, die Focaccia begleitet – gerne mit ein paar Scheiben Mortadella belegt – die Baresi im Alltag und ist für so manchen roten Klecks auf einem frisch gebügelten weißen Hemd verantwortlich …*

ZUBEREITUNG:

Für den Teig die Kartoffeln in einem Topf mit Wasser 20–30 Minuten kochen. In ein Sieb abgießen, kurz abkühlen lassen, dann pellen und mit einer Gabel fein zerdrücken.

In einer tiefen Rührschüssel die beiden Mehle, die zerdrückten Kartoffeln und die Hefe verrühren. Nach und nach das Wasser zugeben und alles kräftig mit den Händen oder mit den Knethaken des Handrührgeräts zu einem Teig kneten. Salz und zuletzt das Öl hinzugeben, das dem Teig Elastizität verleiht und ihn knuspriger macht. Etwa 10–15 Minuten erst langsam, dann sehr schnell mit den Knethaken weiterkneten, bis sich der Teig homogen und elastisch anfühlt und nicht kleben bleibt.

Nun den Teig beidseitig einölen, sodass die Oberfläche rundherum mit einem hauchdünnen Film überzogen ist. Anschließend in zwei gleich große Hälften teilen und zu zwei Kugeln formen. Eine glatte Fläche (z. B. ein Backblech oder eine Servierplatte) mit Öl bepinseln und die zwei Kugeln nebeneinander darauflegen. Den Teig im geschlossenen, aber ausgeschalteten Backofen abgedeckt 2–3 Stunden lang gehen lassen.

Der Teig hat sein Volumen nun verdoppelt und eine leichte Kruste gebildet. Um zu testen, ob der Teig richtig aufgegangen ist, mit dem Finger die Oberfläche leicht andrücken, die dann wieder in ihre Ursprungsposition zurückkehren müsste. Bei Bedarf den Teig noch einmal kräftig durchkneten und eventuell nochmals gehen lassen. Den Backofen auf 250 °C (Ober-/Unterhitze) vorheizen.

Ora s'informa: Die beiden Springformen mit Öl fetten, die Teigkugeln beidseitig in dem Öl wenden, dann mit den Fingern bis an die Ränder drücken. Mit Oliven, Oregano und 1 Prise Salz garnieren. Die Kirschtomaten waschen, dann in der Hand grob halbieren und dabei leicht zerdrücken, damit der Saft auf den Teig läuft. Auf der Oberfläche verteilen und leicht andrücken, sodass für jede Tomate eine Mulde entsteht. Die Hitze auf 200 °C reduzieren.

Im heißen Backofen 20–25 Minuten lang backen. Die Focaccia sollte am Ende eine Höhe von 1–1,5 cm haben, der Rand darf gemäß der Tradition sogar ganz leicht angebrannt sein.

FRISELLA

Friselle haben vor allem in Süditalien eine lange Tradition und werden – ähnlich wie Zwieback – zweifach gebacken, um sie länger haltbar zu machen. Sie stammen ursprünglich aus Apulien und wurden den Fischern für lange Tage auf See mitgegeben. Diese tauchten das knusprige Brot vor dem Verzehr kurz ins Meerwasser und belegten es dann mit fangfrischem Fisch.

Für 12 Stück

Für den Teig

9 g Trockenhefe

260 ml lauwarmes Wasser

250 g Hartweizenmehl (semola rimanciata di grano duro)

250 g Manitobamehl

2 TL Salz

3 EL Olivenöl extra vergine

Für den Belag

24 Kirschtomaten

2 Stängel Basilikum

2 EL Olivenöl

1 EL Aceto balsamico

Salz, Pfeffer

Außerdem

Olivenöl zum Beträufeln (nach Belieben)

ZUBEREITUNG:

Für den Teig Trockenhefe und Wasser miteinander vermengen. Mehle und Salz in einer Schüssel gründlich vermengen. Das Hefewasser hinzugeben und mit einem Holzlöffel umrühren. Olivenöl hinzufügen nochmals mit dem Löffel vermengen. Nun alles 8 Minuten mit den Händen zu einem glatten und elastischen Teig verkneten und diesen anschließend zu einer Kugel formen. Die Schüssel mit einem Geschirrtuch abdecken und den Teig 2 Stunden an einem warmen Ort (z. B. im geschlossenen Backofen) gehen lassen.

Den Teig anschließend aus der Schüssel nehmen, zu einem länglichen Brotlaib formen und diesen in 12 Stücke schneiden. Jedes Stück zu einer etwa 10 cm langen Rolle und diese dann zu einem Ring formen. Mit dem restlichen Teig ebenso verfahren. Alle Teigkringel auf ein Backblech geben, mit einem Geschirrtuch abdecken und 45 Minuten gehen lassen.

Währenddessen können Sie für den Belag die Kirschtomaten waschen, halbieren und in eine kleine Schüssel geben. Die Basilikumblätter von den Stängeln zupfen, waschen, trocken schütteln und fein hacken. Zusammen mit dem Olivenöl und dem Essig zu den Tomaten geben und alles mit Salz und Pfeffer abschmecken. Anschließend ziehen lassen. Den Backofen auf 220 °C (Ober-/ Unterhitze) vorheizen.

Backen Sie die Friselle nun im heißen Ofen (Mitte) 15 Minuten lang. Nehmen Sie nach dieser Zeit das Blech aus dem Ofen und reduzieren Sie die Temperatur auf 170 °C. Halbieren Sie die vorgebackenen Friselle nun horizontal, legen Sie die Hälften mit der Innenseite nach oben wieder auf das Blech und lassen Sie die Friselle in 30 Minuten knusprig werden.

Die Friselle etwas abkühlen lassen und erst kurz vor dem Servieren mit den Basilikum-Tomaten belegen und nach Belieben zusätzlich mit etwas Olivenöl beträufeln.

TIPP:

Die übrigen Friselle halten sich in einer verschlossenen Vorratsdose mehrere Wochen. Sie müssen dafür allerdings unbedingt trocken gelagert werden!

PITTA CALABRESE

Für 1 *Pitta*

9 g Trockenhefe
1 TL Honig
300 ml lauwarmes Wasser
250 g Weizenmehl (Type 405)
250 g Manitobamehl

Außerdem
Mehl für die Arbeitsfläche

*Die **Pitta Calabrese** ist eine Spezialität aus Kalabrien. Der Name „pitta" stammt aus dem Lateinischen und bedeutet „bemalt", da sie zur Zeit der Römer in einer verzierten Form den Göttern als Opfer dargeboten wurde. Das flache Kringelbrot wird in Kalabrien vor allem mit zwei weiteren typischen Gerichten in Verbindung gebracht: „U'suffritt" und „U'morzeddhu", beides Schmorgerichte aus Innereien, die man, in die Pitta gefüllt, verzehrt. Die Pitta wird jedoch auch gerne mit lokalen Spezialitäten belegt, z. B. mit Thunfisch und roten Zwiebeln aus Tropea, 'Nduja (eine scharfe Streichwurst), Capocollo (oder Coppa, ein Schweinenackenschinken) und natürlich Provola (ein Filata-Schnittkäse).*

ZUBEREITUNG:

Trockenhefe und Honig im lauwarmen Wasser auflösen. Mehle und Salz in eine Schüssel geben und vermengen. Das Hefe-Honig-Wasser hinzugeben und alles vermischen. Anschließend mit den Händen 7 Minuten lang zu einem glatten Teig kneten. Den Teig zu einer Kugel formen, die Schüssel mit Frischhaltefolie und einem Geschirrtuch abdecken und den Teig 6 Stunden bei Zimmertemperatur gehen lassen.

Den Backofen auf 200 °C (Umluft) vorheizen. Ein Backblech mit Backpapier auslegen.

Die Teigkugel auf eine bemehlte Arbeitsfläche geben, etwas andrücken und in der Mitte mit den Händen ein Loch formen. Den Teigkranz nun so formen, dass er etwa Ø 20 cm und eine Höhe von 8 cm hat.

Den Teigkranz auf das Backblech geben und im heißen Ofen (Mitte) für 15 Minuten bei 200 °C backen, die Hitze anschließend auf 180 °C reduzieren und nochmals für 15 Minuten weiterbacken. Das Brot ist nun nochmals aufgegangen und hat eine schöne goldene Farbe.

Anschließend abkühlen lassen und mit Belag nach Belieben genießen.

PANELLE

Für ca. 15 Stück

Für die Panelle
6–8 Stängel Petersilie (nach Belieben)

600 ml kaltes Wasser

200 g Kichererbsenmehl

1 TL Salz

frisch gemahlener Pfeffer

Für den Belag
5 Mafalde (s. S. 54, alternativ Milchbrötchen)

Saft von 1 Zitrone

Außerdem
Rapsöl zum Frittieren

***Panelle** sind kleine Kichererbsen-Omeletts aus Palermo, die es warm an jeder Straßenecke mit frischen Kräutern und Zitronensaft in einem klassischen Sesambrötchen, der Mafalda (s. S. 54) zu kaufen gibt – ein überaus beliebtes Street Food, das die kulinarischen Einflüsse widerspiegelt, die einst durch Griechen, Araber und Normannen nach Sizilien kamen. Wer sie einmal probiert hat, möchte sie nicht mehr missen!*

ZUBEREITUNG:

Die Petersilie waschen und fein hacken. In einen großen Topf 600 ml kaltes Wasser geben und das Kichererbsenmehl hineinsieben. Mit einem Schneebesen alles gut miteinander vermengen, bis eine homogene Masse ohne Klumpen entstanden ist. *Attenzione:* Der Teig ist recht flüssig! Zum Schluss mit Salz und Pfeffer würzen.

Die Masse nun vorsichtig erhitzen – aber nicht kochen (!). Den Teig während des Erhitzens mit dem Schneebesen immer weiter rühren. Dabei wird er nach und nach cremiger. Sobald eine festere Masse, die an Kartoffelpüree erinnert, entstanden ist, den Topf vom Herd nehmen. Die Petersilie unterrühren.

Legen Sie zwei Lagen Backpapier auf der Arbeitsplatte aus. Geben Sie nun nacheinander jeweils 1 EL Teig darauf und verstreichen Sie diese zu jeweils etwa 3 mm dicken Fladen mit Ø 10 cm. Arbeiten Sie dabei bitte sehr zügig, da es schwieriger wird, den Teig zu verstreichen, sobald er abkühlt. Den Teig anschießend 10–15 Minuten vollständig abkühlen lassen. Nun lassen sich die Teigkreise leicht vom Backpapier lösen.

Erhitzen Sie nun 250 ml Öl in einem großen Topf und geben Sie zeitgleich jeweils 1–2 Fladen in das heiße Öl. Frittieren Sie diese von beiden Seiten jeweils so lange, bis sie knusprig sind und ggf. etwas Farbe angenommen haben. Die Teigfladen sollten dabei vollständig vom Öl bedeckt sein. Das Frittieren dauert etwa 2 Minuten pro Seite. Die Fladen herausnehmen, zurück auf das Backpapier legen und abtropfen lassen. Verfahren Sie mit den übrigen Teigkreisen genauso, bis alle Panelle ausgebacken sind.

Geben Sie die Panelle nun in (am besten noch warme) Mafalde und beträufeln Sie diese zum Schluss mit etwas Zitronensaft.

SFINCIONE

Für 1 Sfincione (30 x 20 cm)

Für den Teig

250 g Weizenmehl (Type 405)

4 g Trockenhefe

170 ml lauwarmes Wasser

1 TL trockenes Backmalz

1 TL Salz

5 EL Olivenöl extra vergine

Für den Belag

2 Zwiebeln (130g)

3 EL Olivenöl

200 g stückige Tomaten (aus der Dose)

50 g Caciocavallo (ital. Filata-Schnittkäse, alternativ Scamorza)

20 g Pecorino

10 g Paniermehl

8 Sardellenfilets (aus dem Glas)

3 TL getrockneter Oregano

Außerdem

3 EL Olivenöl zum Einfetten

TIPP:

Im Kühlschrank ist der Sfincione abgedeckt 2 Tage lang haltbar und eignet sich auch zum Einfrieren!

Stellen Sie sich die Farben und Düfte eines Bazars vor, das Meer im Hintergrund und an jeder Ecke einen Marktschreier, der seinen ***Sfincione****, eine reichhaltige Focaccia, anpreist. Sie befinden sich in Palermo, einer Stadt, in der sich über Jahrhunderte hinweg Völker verschiedenster Herkunft begegnet sind. Sfincione oder auf Sizilianisch „sfinciuni" stammt aus dem Griechischen und bedeutet „Schwamm", da der Teig unbeschreiblich weich und zart wirkt. Die Farben und der Geschmack dieser Köstlichkeit spiegeln den Zauber Siziliens wieder: Tomatensugo, reichlich Caciocavallo (ein Filata-Schnittkäse), Sardellen und frische Kräuter. Wenn Sie ein Liebhaber von Pizza & Co. sind, werden Sie dieses Rezept nicht mehr missen wollen.*

ZUBEREITUNG:

Für den Teig das Mehl in eine Schüssel geben. Hefe in 30 ml lauwarmem Wasser auflösen. Hefewasser, übriges Wasser, Malz und Salz in die Schüssel geben und alles mit den Händen zu einem homogenen Teig verkneten. 3 EL Olivenöl hinzugeben und 5 Minuten weiterkneten. Der Teig ist nicht fest, sondern elastisch und etwas klebrig. Die Schüssel mit einem Geschirrtuch abdecken und den Teig im geschlossenen, ausgeschalteten Ofen 3 Stunden gehen lassen.

Ein Backblech mit Olivenöl einfetten. Den Teig mit einem Teigschaber aus der Schüssel auf das Blech geben und mit den Fingerspitzen zu einem Rechteck formen. Er springt anfangs immer wieder zurück in seine ursprüngliche Form, daher sachte immer wieder in die gewünschte Form bringen. Bepinseln Sie den Teig anschließend mit dem übrigen Olivenöl und lassen Sie ihn weitere 30 Minuten abgedeckt ruhen.

In dieser Zeit können Sie den Belag vorbereiten: Hierfür die Zwiebeln schälen und in Streifen schneiden. 2 EL Olivenöl in einer Pfanne erhitzen, die Zwiebeln darin glasig dünsten. Tomaten hineingeben und einköcheln lassen, bis die Masse nicht mehr wirklich flüssig ist. Den Caciocavallo in 1 cm große Würfel schneiden, den Pecorino reiben. 1 EL Olivenöl in einer weiteren kleinen Pfanne erhitzen, Paniermehl hineingeben und goldbraun rösten.

Den Backofen auf 190 °C (Ober-/Unterhitze) vorheizen. Die beide Käsesorten sowie die Sardellen nun auf dem Teig verteilen. Das Tomatensugo darüber geben und zuletzt mit Oregano und dem gerösteten Paniermehl bestreuen.

Den Sfincione im heißen Ofen (Mitte) für 25 Minuten backen, bis die Ränder eine leichte Färbung annehmen. Anschließend herausnehmen und am besten noch warm genießen.

PANE CARASAU

Für 3 Stück

4 g Trockenhefe

280 ml lauwarmes Wasser

250 g Weizenmehl (Type 405)

250 g Hartweizenmehl
(semola rimanciata di grano duro)

1 guter TL Salz

Außerdem

1 Pizzastein (nach Belieben)

Unfassbar dünn und knusprig: Das ist ***Pane Carasau****, ein sardisches Fladenbrot, dessen Name sich von den sardischen Wörtern „pane“ (Brot) und „carasare“ (rösten) ableitet und ein alltäglicher Begleiter zu jeder sardischen Speise ist. Seine Herstellung ist etwas aufwendig, aber die Mühe lohnt sich!*

ZUBEREITUNG:

Die Hefe mit lauwarmem Wasser vermengen. In einer weiteren Schüssel die beiden Mehlsorten und das Salz vermengen. Das Hefewasser hinzugeben und alles 8–10 Minuten lang mit den Händen zu einem elastischen Teig kneten. Den Teig anschließend in 3 Stücke teilen, mit einem Geschirrtuch abdecken und 15 Minuten ruhen lassen.

Jede Kugel nochmals kurz kneten, zu einem ovalen Stück formen und anschließend der Länge nach einrollen, nochmals zu einem Oval formen und wieder der Länge nach einrollen. Den Teig nun an den Kanten der Kugel entlang unter die Kugel schieben, bis die Oberfläche glatt ist und Sie eine kompakte Teigkugel vorliegen haben, dabei die Kugel mit den Handballen auf der Arbeitsplatte leicht drehen. Mit den anderen Teigstücken genauso verfahren. Den Teig mit etwas Frischhaltefolie und einem Geschirrtuch abdecken und 2,5 Stunden gehen lassen.

Die erste Kugel nun mit einem Nudelholz zu einem sehr dünn (2 mm) Kreis ausrollen, beiseitelegen und mit einem Küchentuch abdecken. Mit den übrigen Kugeln analog verfahren. Nun noch einmal mit dem ersten Fladen beginnen und noch etwas dünner ausrollen (er hat sich wahrscheinlich schon wieder etwas zusammengezogen). Dabei darauf achten, dass auch die Ränder wirklich dünn sind. Das gleiche gilt für die beiden anderen Fladen.

Ein Küchentuch ausbreiten und die Teigfladen nacheinander darauf legen, sodass Sie einen Turm bilden, dazwischen jeweils immer mit einem Küchentuch abdecken. Alles nochmals 30 Minuten ruhen lassen. Den Backofen auf 250 °C (Ober-/ Unterhitze) vorheizen. Dabei das Blech im Ofen lassen oder, falls vorhanden, einen Pizzastein auf mittlerer Schiene in den Ofen geben. Einen Teigfladen auf das Blech oder den Pizzastein geben. *Attenzione:* Der Teig beginnt sehr schnell Blasen zu werfen. In diesem Fall haben Sie zwei Möglichkeiten:

Option 1: Es bildet sich so viel Luft, dass sich der Teig halbiert. Wenn das geschieht, nehmen Sie ihn aus dem Ofen und trennen Sie ihn mit einem scharfen Messer an der Naht entlang auf. Jede Hälfte nacheinander für 1–2 Minuten in den Ofen geben, bis der Teig knusprig ist.

Option 2: Es bildet sich nur wenig Luft. In diesem Fall den Fladen, so wie er ist, im Ofen lassen, bis er knusprig ist. Das dauert etwa 5–7 Minuten. Wenn er aus dem Ofen kommt, ist er ggf. noch etwas weich, vor allem an den Stellen der Luftblasen. Die härten aber sehr schnell aus und sind anschließend ganz kross.

Biscotti –
KEKSE

BAR
188

IL BAR ALL'ITALIANA

Millionen von Menschen in ganz Italien – oder besser in der ganzen Welt – finden jeden Tag den Weg in ein Café. Doch die wenigsten kennen den Ursprung dieses heute so eingebürgerten Brauchs, der eng verbunden ist mit der Geschichte der Bars und ihrer Entwicklung, die zurück auf das 17. Jh. geht.

1683 wurde Wien, damals Hauptstadt der Habsburgermonarchie, von den Türken besetzt. In diesem Zuge importierten sie auch die arabische Kaffee-Kultur nach Europa, die damals im ganzen mittleren Osten bis nach Kostantinopel verbreitet war. Es war die Geburtsstunde der Bars als ein Ort, der zum Treffpunkt für Literaten und Künstler wurde und an dem hauptsächlich türkischer Kaffee serviert wurde. Von Wien aus begann der Siegeszug der Cafés schließlich durch ganz Europa. Die Dichte der Bars und Cafés stieg rasant an, und mit der Zeit verfeinerte sich auch der Geschmack der Konsumenten für guten Kaffee. Diese bis heute ununterbrochene Mode erreichte Italien erst im 18. Jh., als 1720 das weltberühmte Caffè Florian seine Pforten in Venedig öffnete – kein Zufall, unterhielt die Hafenstadt doch enge Beziehungen zu türkischen Händlern. Einer der bekanntesten venezianischen Literaten jenes Jahrhunderts, Carlo Goldoni, fing die Atmosphäre des Caffè Florian sogar in seinem Werk „La bottega del caffè" (Das Kaffeehaus) ein. Kurz darauf eröffnete das Caffè Pedrocchi im benachbarten Padova (1722), das Gilli in Florenz (1733) und das Greco in Rom (1760). Gegenwind bekam dieser florierende Wirtschaftszweig von der Kirche, die den Kaffee angesichts seiner anregenden Eigenschaften als Teufelswerk bezeichnete. Erst als Papst Clemens VIII. heimlich eine Kostprobe nahm und positiv beeindruckt war, fiel die Mauer, die zwischen dem Vatikan und dem beliebten Heißgetränk entstanden war.

Um die Jahrhundertwende entstanden so abertausende Bars und Cafés überall auf dem Kontinent, man begann damit, Tees zu servieren und Cocktails zu mischen. Die Cafés wurden zu Salons, in denen sich Aristokraten und Gelehrte austauschen konnten, wo es um Politik, Literatur oder die Planung eines Aufstands ging. Ursprünglich trugen diese Orte noch den Namen „Caffè". Dank des kulturellen Einflusses Amerikas und der Faszination für alles aus Übersee, die zu dieser Zeit einen Höhepunkt erlebten, wurden viele von ihnen allmählich zu „Bars". So entstanden 1910 in Paris die „Harry's New York Bar" oder 1921 die „American Bar" im Londoner Savoy Hotel. Die Etymologie des Wortes „Bar" entstammt wohl dem italienischen Wort „sbarra/barriera" (Schranke) und erläutert so die Idee von der Trennung zwischen dem Gastraum und der Ausgabe der Getränke. Erstnutzer und Erfinder dieses Begriffs war anscheinend ein gewisser Alessandro Manaresi, der 1898 die erste B.A.R. eröffnete, die für „banco a ristoro" stand, übersetzt „Tresen mit Imbiss". Bei der Entwicklung und der Geschichte der Bars spielte Italien eine entscheidende Rolle und unterschied sich von den restlichen europäischen Ländern, indem sich die „bar all'italiana" etablierte, wie wir sie heute kennen: Hier werden die neuesten Nachrichten von den weit gespannten Zeitungen heruntergelesen und wortreich diskutiert, es wird gewettet, gepokert oder Fussball geschaut. Softdrinks, Kaffee in allen Variationen, Produkte aus der Patisserie, Piadine, Panini und Tramezzini sind die großen Protagonisten dieses geschlossenen Marktplatzes. Sich zu jeder Tageszeit einen Espresso oder einen Aperitivo zum Sonnenuntergang zu gönnen, wurde zu einem typisch italienischen Klischee.

Ein weiterer Faktor, der zur Bedeutung der Bars beitrug, ist der veränderte Lebensrythmus, der mit dem Wirtschaftswunder der 1950er- und 60er-Jahre einsetzte und so auch die alltäglichen Bräuche beeinflusste. Nur wenige hatten nun vor der Arbeit noch Zeit, zu Hause zu frühstücken, sodass dieses familiäre Ritual allmählich in die Bar verlegt wurde: Hier trinkt man morgens einen *caffè* oder Cappuccino (niemals am Nachmittag!) und gönnt sich vielleicht ein Cornetto dazu. Dabei ist es nicht wichtig, es sich am Tisch mit gestreckten Beinen bequem zu machen, so wie man es beim Zeitunglesen tun würde, sondern es zählt jede Sekunde: Der *caffè* wird nun im Stehen getrunken – direkt am Tresen. Später entwickelte sich daraus ein fast nicht mehr aktiv wahrgenommenes Ritual, das immer mit dem Satz „prendiamo il caffè" (lass uns einen Kaffee trinken gehen) eingeleitet wird. So freut man sich von Espresso zu Espresso auf die nächste Kaffeepause. Die Bar wurde in diesem Kontext zu einem zweiten Zuhause der Italiener, der Barista zu einem vertrauten Freund, den man jeden Tag, ja sogar mehrmals täglich, trifft. Ihm erzählt man Vertrauliches, das man früher dem Pfarrer beichtete, und findet bei einem *caffè* so einen täglichen Moment der Zerstreuung.

Der im Deutschen verwendete Begriff „Espresso" entstammt übrigens der Abkürzung von *caffè espresso*, verweist jedoch nicht auf einen schnell zubereiteten Kaffee. „Espresso" bedeutet vielmehr „ausdrücklich" – gemeint ist ein Getränk, das in diesem Augenblick für einen bestimmten Gast zubereitet wird. Im Italienischen spricht man heute (verkürzt) nur noch von *caffè*. Doch was ist guter Kaffee? Ein Sprichwort besagt: „Il caffè, per esser buono, deve essere nero come la notte, dolce come l'amore e caldo come l'inferno" (Guter Kaffee muss schwarz wie die Nacht sein, süß wie die Liebe und heiß wie die Hölle). Schlussendlich ist der *caffè* also allgegenwärtig im Leben eines Italieners und steht für so vieles, das kaum in Worte gefasst werden kann und vielleicht doch sehr simpel ist. Luciano de Crescenzo wagt in seinem Bestseller „Il caffè sospeso" (Espresso mit Herz) einen Versuch: „Der Kaffee ist eine Ausrede. Eine Ausrede, einem Freund sagen zu können, dass man ihn gern hat."

»Dem Barista erzählt man Vertrauliches, das man früher dem Pfarrer beichtete, und findet bei einem caffè so einen täglichen Moment der Zerstreuung.«

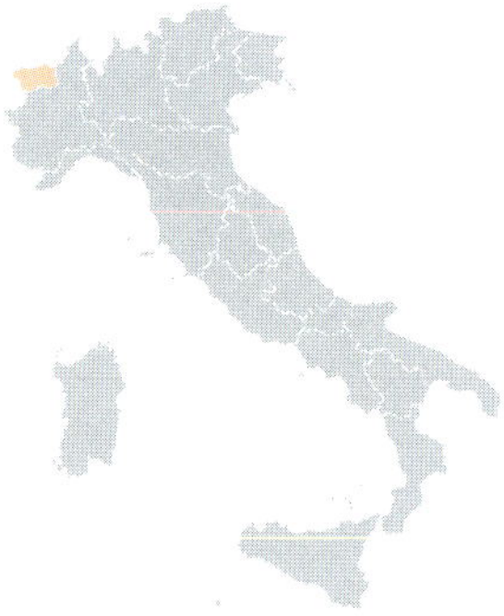

TEGOLE VALDOSTANE

Für 35–40 Stück

200 g feiner Rohrzucker

80 g gemahlene Haselnusskerne

80 g fein gemahlene Mandeln (kein Mandelmehl, das ist zu trocken!)

60 g zimmerwarme Butter

60 g Weizenmehl (Type 405)

ausgekratztes Mark von 1 Bourbon-Vanilleschote

4 Eiweiß (Größe M)

TIPP:

Auch mit Schokoladenglasur überzogen oder geriebener Zitronenschale im Teig sind diese köstlichen Kekse ein wahrer Genuss. Aber noch viel wichtiger ist ein dazu passender Wein: Probieren Sie Ihre Tegole doch mal zu einem Glas Weißwein aus der Region Valle d'Aosta, z. B. einem guten Nus Malvoisie DOC.

Die ***Tegole*** *sind typische Waffeln aus dem Aostatal, die ihren Namen der ziegelähnlichen Form verdanken. Sie wurden in den 1930er Jahren von der Konditorei Boch nach einem Familienurlaub in der Normandie kreiert. Heutzutage werden die Tegole oft mit Schokolade glasiert und sind perfekt für das in Italien so beliebte „Eintunken" in den „caffè" am Frühstückstisch.*

ZUBEREITUNG:

Den Backofen auf 170 °C (Umluft) vorheizen.

Vermischen Sie mit einem Löffel zuerst Zucker, Haselnüsse und Mandeln miteinander. Danach geben Sie die weiche Butter, das Mehl und das Vanillemark hinzu und verrühren diese mit der Mandel-Haselnuss-Mischung.

Schlagen Sie das Eiweiß cremig, aber nicht steif, sondern nur etwas fluffig (ist es zu steif, gibt es dem Teig nicht ausreichend Flüssigkeit). Heben Sie das Eiweiß unter die Mischung. Vermengen Sie alles mit einem Löffel, bis eine homogene Masse entstanden ist.

Mit einem Löffel nun hauchdünne Teigkreise (ca. Ø 6–8 cm) auf einem mit Backpapier ausgelegten Blech verstreichen. Dabei zwischen den Tegole 1 cm Abstand lassen, da sie beim Backen noch etwas zerfließen.

Tegole im vorgeizten Ofen (Mitte) für etwa 8–10 Minuten goldbraun backen. Nach Ende der Backzeit sehr zügig verarbeiten, da sie sehr (!) schnell aushärten. Dazu die noch warmen Kekse vorsichtig über die Oberseite eines Nudelholzes wölben (dabei aber nicht rollen), sodass die knusprigen Kekse ihre typische Rundung erhalten. Zum Schluss zusätzlich noch ein wenig mit den Händen in Form bringen und zum Auskühlen auf ein Backofengitter setzen.

Den Vorgang wiederholen, bis kein Teig mehr übrig ist.

MELIGHE

Für ca. 50 Stück

125 g Maismehl

250 g Weizenmehl (Type 405)

125 g feiner Rohrohrzucker

Salz

250 g zimmerwarme Butter

abgeriebene Schale von 1 Bio-Zitrone

ausgekratztes Mark von 1 Bourbon-Vanilleschote

1 Ei (Größe M)

Außerdem

Mehl für die Arbeitsfläche

TIPP:

Die Melighe werden traditionell gerne mit Zabaionecreme serviert oder – wie der Graf von Cavour es hielt – zu einem Gläschen Barolo Chinato genossen. In einer Vorratsdose aufbewahrt, bleiben sie einige Tage lang frisch und knusprig.

*Die **Paste di Meliga** kommen ursprünglich aus dem Piemont zwischen Cuneo und Mondovì. Gerüchten zufolge entstanden sie, als der Weizenpreis stieg und die Bäcker somit anfingen, ihrem Teig Maismehl beizumengen. Es heißt, dass der Graf von Cavour, der in der Zeit des „Risorgimento" maßgeblich an der Einheit Italiens beteiligt gewesen war, geradezu verrückt nach Melighe war.*

ZUBEREITUNG:

Mais- und Weizenmehl in eine Schüssel sieben. Zucker und 1 Prise Salz hinzugeben und vermengen. Die Butter in kleine Würfel schneiden und in die Schüssel geben, ebenso die Zitronenschale und das Vanillemark, dann alles mithilfe des Handrührgeräts verrühren. Das Ei hinzugeben und wenige Minuten weiterrühren, bis sich ein homogener, seidiger Teig ergeben hat. Den Teig mit Frischhaltefolie abdecken und für 30 Minuten in den Kühlschrank stellen.

Den Backofen auf 180 °C (Ober-/ Unterhitze) vorheizen. Ein Backblech mit Backpapier auslegen. Den Teig auf einer bemehlten Arbeitsplatte 5 mm dick ausrollen und mit einem Servierring oder anderen Ausstechern Kekse ausstechen.

Siamo pronti! Die Melighe auf das Backpapier geben und 15–20 Minuten backen, bis sie eine goldene Farbe angenommen haben. Anschließend herausnehmen und abkühlen lassen.

SAVOIARDI

Für ca. 40 Stück

6 Eier (Größe M)

100 g Rohrohrzucker

abgeriebene Schale von 1 Bio-Zitrone

100 g Weizenmehl (Type 405)

50 g Puderzucker

Außerdem

1 Spritzbeutel mit gerader Lochtülle (Ø 15 mm)

Puderzucker zum Verzieren

TIPP:

Wenn Sie Ihre Savoiardi lieber knuspriger mögen, verlängern Sie die Backzeit auf bis zu 25 Minuten.

Wer hat sie noch nie in einem Tiramisù bewundert, diese luftig-leichten Kekse? Wir sprechen über die ***Savoiardi****, für die man nur einige wenige Zutaten benötigt: Eier, Zucker, Mehl und Zitrone, die – gemäß der alten Tradition – mit viel Geduld und Gefühl verrührt werden. Sie entstanden im Spätmittelalter am Hofe des Grafen von Savoyen anlässlich des Besuches des französischen Königshauses. Die extra für diesen Anlass kreierten Kekse blieben in so guter Erinnerung, dass sie seither als kulinarisches Wahrzeichen des Hauses Savoyen gelten.*

ZUBEREITUNG:

Das Eiweiß vom Eigelb trennen und beides jeweils in zwei tiefe Schüsseln geben. Eidotter und die Hälfte des Zuckers mit dem Handrührgerät ca. 5–10 Minuten verrühren, bis die Creme recht hell und luftig erscheint, dabei nach und nach die geriebene Zitronenschale dazugeben. In der zweiten Schüssel die Eiweiße mit dem sauberen Handrührgerät zu Eischnee schlagen. Sobald die Masse halbsteif wird, den restlichen Zucker zugeben und weiterrühren, bis der Eischnee stichfest wird.

Anschließend die Eigelbcreme vorsichtig unterheben (bitte nicht rühren!), bis eine homogene Masse entstanden ist. Zum Schluss das Mehl mit einem Sieb über die Creme sieben und dabei behutsam einrühren.

Den Backofen nun auf 160 °C (Ober-/ Unterhitze) vorheizen und ein leicht befeuchtetes Backblech mit Backpapier auslegen.

Den Spritzbeutel befüllen und die Savoiardi auf dem Backpapier formen, indem der Teig auf eine ca. 8 cm lange und 3 cm breite Linie mehrmals nebeneinander ausgedrückt wird.

Die Teigrohlinge großzügig mit Puderzucker bestäuben. Die Savoiardi ca. 20 Minuten lang im heißen Ofen (Mitte) backen, bis sie goldbraun sind, anschließend herausnehmen, abkühlen lassen und in einer Vorratsdose aufbewahren.

BACI DI ALASSIO

Für ca. 15 Stück

Für den Teig

120 g ganze geschälte Mandeln

60 g ganze Haselnusskerne

80 g Backkakaopulver

20 g Puderzucker

1 TL Vanillemark

2 TL Akazienhonig

2 Eiweiß (Größe M)

Für die Füllung

50 g Zartbitterschokolade (70 % Kakaogehalt)

30 g Sahne

Außerdem

1 Spritzbeutel mit gerader Lochtülle (Ø 10–15 mm)

TIPP:

Die Baci können in einer Vorratsdose bis zu einer Woche aufbewahrt werden – aber so lange überleben sie ohnehin nicht!

Wie sagt man so schön: „Guten Freunden gibt man ein Küsschen" … Diese kleinen dunklen Teilchen heißen übersetzt „Küsse aus Alassio" und sehen aus wie zwei mit einer Schokoladencreme gepaarte Turbane. Sie wurden im 19. Jh. von Rinaldo Balzola, dem königlichen Hoflieferanten der Savoyen, kreiert und haben die Stadt Alassio weltweit als „Schokoladenstadt" bekannt gemacht. Als Vorlage dienten die ebenfalls köstlichen piemontesischen Baci di Dama (s. S. 140).

ZUBEREITUNG:

Den Backofen auf 180 °C (Ober-/Unterhitze) vorheizen. Die Mandeln und Haselnüsse auf ein mit Backpapier ausgelegtes Blech geben und im heißen Ofen (Mitte) rösten, bis sie zu „schwitzen" beginnen. Anschließend in einem Mixer zusammen mit dem Backkakaopulver, dem Puderzucker und Vanillemark fein mahlen. Honig in die Masse geben und noch einmal alles gut vermengen.

Eiweiß schaumig schlagen (sie dürfen aber noch nicht steif sein), ebenfalls in die Mischung geben und alles zu einem Teig vermengen. Die Nussmenge in eine Spritztülle geben. *Attenzione:* Diese sollte aus Metall sein und eine Öffnung von min. 1 cm haben, um mit nur wenig Anstrengung kleine „Turbane" zu formen. Ist die Tülle zu klein, lässt sich die Masse nicht durchdrücken. Formen Sie nun mit der Tülle kleine „Turbane" auf das Blech.

Den Backofen auf 200 °C (Ober-/ Unterhitze) vorheizen und ein Backblech mit Backpapier auslegen.

È tempo d'infornare! Die Baci im heißen Ofen (Mitte) 8–12 Minuten lang backen (sie sollten innen noch ganz leicht feucht sein). Anschließend sofort mit viel Vorsicht auf einen Rost geben und dort vollständig auskühlen lassen – wenn sie heiß sind, sind sie noch zu weich für die Weiterverarbeitung.

Zwischenzeitlich Schokolade in grobe Stücke brechen und in eine kleine Schüssel geben. Sahne in der Mikrowelle oder in einem Topf leicht erwärmen. Geben Sie die Sahne über die Schokolade und rühren Sie sie mit einem Schneebesen kräftig ein, bis die Schokolade geschmolzen ist und sich mit der Sahne verbunden hat. Die Hälfte der Baci nun jeweils auf der glatten Seite so mit der Ganache bestreichen, dass noch ein Rand bleibt. *Attenzione:* Man benötigt tatsächlich nur einen kleinen Klecks. Ist zu viel Schokolade auf dem Keks, rutscht der Deckel zur Seite! Anschließend die übrigen Hälften vorsichtig mit der glatten Seite nach unten daraufsetzen, dabei nicht zu stark drücken!

Die Baci auf einen Teller geben und in den Kühlschrank stellen, damit die Ganache vollständig erhärtet, und die Baci-Hälften gut zusammenhalten. Das dauert etwa 1 Stunde.

BRUTTI MA BUONI

Für ca. 25 Stück

150 g Eiweiß (4–6 Stück)

Salz

ausgekratztes Mark von 1 Bourbon-Vanilleschote

200 g Zucker

300 g gehackte Haselnusskerne

TIPP:

Probieren Sie die Brutti ma Buoni auch mal mit gemahlenem Zimt statt Vanille. In einer Vorratsdose aufbewahrt, halten sie sich bis zu einer Woche.

Der Schein trügt, wie man so schön sagt, und es gibt wahrscheinlich keinen besseren Beweis hierfür als die ***Brutti ma Buoni****. Diese kleinen, ungleichmäßigen Kekse aus Baiser und Haselnüssen sind, wie der Name schon sagt, die „hässlichen Entlein" unter den Keksen: Nicht sonderlich schön, aber unglaublich lecker! Ursprünglich stammen sie aus der Lombardei, erfreuen sich aber in ganz Italien – mit kleinen regionalen Eigenheiten – sehr großer Beliebtheit.*

ZUBEREITUNG:

Die Eiweiße und 1 Prise Salz in eine Schüssel geben und mit dem Handrührgerät schaumig schlagen. Sie sind dann noch nicht steif, aber bereits eine weiße Masse. Das Vanillemark hinzugeben und nach und nach den Zucker, dabei so lange weiterschlagen, bis das Eiweiß schnittfest und steif ist.

Die gehackten Haselnüsse nun vorsichtig nach und nach unter die Baisermasse heben, alles in einen Topf umfüllen und vorsichtig erhitzen, dabei stetig rühren. Nach ungefähr 10 Minuten hat die Masse die gewünschte Konsistenz: Sie ist etwas dunkler und kompakter geworden und lässt sich gut vom Topfboden lösen.

Den Backofen auf 150 °C (Ober-/Unterhitze) vorheizen und ein Backblech mit Backpapier auslegen.

È tempo d'infornare! Mithilfe zweier Esslöffel die Brutti ma Buoni zu kleinen Häufchen formen und mit einem Abstand von 3 cm auf dem Backblech verteilen. Nun ca. 20 Minuten lang im heißen Ofen (Mitte) backen. Die Kekse sind fertig, wenn sie von außen hart und innen noch ein wenig weich sind. Sie werden nach dem Backen noch etwas trockener und härter. Nun aus dem Ofen nehmen und abkühlen lassen. *Attenzione:* Die Kekse sollten auf keinen Fall zu dunkel werden. Abhängig vom Ofen kann die Backzeit etwas variieren. Am besten behalten Sie die Kekse beim Backen gut im Auge: Wenn sie dunkler werden und außen bereits recht fest sind, können sie aus dem Ofen genommen werden.

55
Edition Peters.
9333

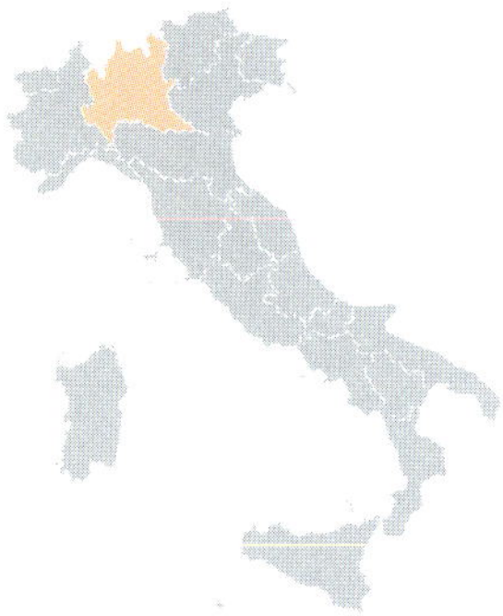

AMARETTI

Für 50–60 Stück

215 g Mandeln
140 g Rohrohrzucker
125 g Puderzucker
2 Eiweiß (50 g)
3 Tropfen Bittermandelaroma

Außerdem
Puderzucker
für die Arbeitsfläche

Die original ***Amaretti di Saronno*** *werden seit Ende des 19. Jh. von dem bekannten Unternehmer D. Lazzaroni hergestellt. Die kleinen Mandelmakronen haben mittlerweile die Welt erobert und werden auch außerhalb Italiens gerne zum „caffè" gereicht. Der Name leitet sich von dem italienischen Wort „amaro" (bitter) ab und bezieht sich auf das leicht bittere Mandelaroma, das sie ihren Geschmack so einzigartig macht.*

ZUBEREITUNG:

Den Backofen auf 200 °C (Ober-/ Unterhitze) vorheizen und ein Backblech mit Backpapier auslegen. Mandeln 5 Minuten lang im Backofen rösten, anschließend in einem Mixer zusammen mit dem Zucker und Puderzucker fein mahlen. Das Pulvergemisch anschließend durch ein Sieb streichen. Das dauert einen Moment, gelingt aber gut.

Die Eiweiße steif schlagen, sie sollten dabei noch nicht stehen und eher cremig sein. Eiweiße und Bittermandelaroma anschließend unter die Mandelmischung heben und alles zu einem Teig verarbeiten. Den Teig zu einer dicken Rolle formen, in Frischhaltefolie einschlagen und 8 Stunden im Kühlschrank kühlstellen.

Ein Backblech mit Backpapier auslegen. Backofen auf 120 °C (Ober-/Unterhitze) vorheizen. Aus dem Teig etwas mehr als haselnussgroße Kügelchen formen, leicht plattdrücken und auf das Blech setzen. Dabei zwischen den Kügelchen 1–2 cm Abstand lassen.

Die Amaretti 25–30 Minuten im heißen Ofen (Mitte) knusprig backen, bis sie goldbraun sind. Aus dem Ofen genommen, sind sie zunächst noch etwas weich, härten aber schnell aus.

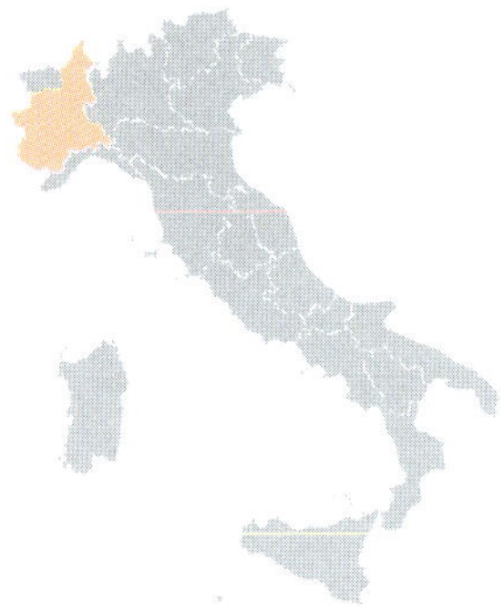

BACI DI DAMA

Für 36 *Stück*

150 g Weizenmehl (Type 405)

150 g gemahlene Mandeln
(kein Mandelmehl, das ist zu trocken!)

70 g Zucker

1 Eigelb (Größe M)

150 g weiche Butter

Salz

70–80 g Zartbitterschokolade
(max. 75 % Kakaogehalt)

TIPP:

In einer Vorratsdose aufbewahrt, sind die Baci bis zu 15 Tage haltbar.

***Baci di Dama** gehören, ähnlich wie Cantuccini, zu den weltweit bekanntesten italienischen Verführungen für den süßen Gaumen. „Damenküsse" heißen sie übersetzt, da die zwei zarten Halbkugeln in einem „süßen Schokoladenkuss" miteinander verschmelzen. Sie stammen aus der Stadt Tortona im Piemont, wo sie ursprünglich aus Haselnüssen hergestellt wurden, die in der Region leicht zu bekommen waren. Erst später wurden sie dann immer häufiger mit Mandeln gemacht.*

ZUBEREITUNG:

Mehl, Mandeln, Zucker, Eigelb, Butter und 1 Prise Salz in eine Schüssel geben. Den Teig zunächst mit den Knethaken eines Handrührgerätes kneten, danach mit den Händen kneten, bis ein glatter Teig entsteht. Anschließend zu einer Kugel formen und, in Frischhaltefolie eingeschlagen, für 2 Stunden in den Kühlschrank stellen.

Heizen Sie den Backofen auf 180 °C (Umluft) vor und legen Sie ein Backblech mit Backpapier aus.

Zupfen Sie vom Teig nun etwas mehr als haselnussgroße Stücke ab und formen Sie diese zu Kugeln. Diese auf das Backblech geben und etwas andrücken, damit sie einen geraden Boden erhalten. Im heißen Ofen (Mitte) 15–20 Minuten backen.

Kekse herausnehmen. Sie sind nun noch sehr weich und bröselig. Daher samt Backpapier sehr vorsichtig vom Blech auf einen Rost gleiten und vollständig auskühlen lassen.

In der Zwischenzeit die Schokolade fein hacken und über dem heißen Wasserbad oder in der Mikrowelle langsam schmelze lassen. Die Hälfte der Baci nun jeweils auf der glatten Seite so mit der Schokolade bestreichen, dass noch ein Rand bleibt. *Attenzione:* Hierfür benötigt man tatsächlich nur einen kleinen Klecks. Ist zu viel Schokolade auf dem Keks, rutscht der Deckel zur Seite! Die übrigen Hälften mit der glatten Seite nach unten vorsichtig daraufsetzen, dabei nicht zu stark drücken!

Die einzelnen Kekse anschließend auf einen flachen Teller geben und diesen etwa 1 Stunde in den Kühlschrank stellen, damit die Schokolade wieder aushärtet.

FAVE TRIESTINE

Für ca. 75 Stück

250 g ganze geschälte Mandeln

240 g Rohrohrzucker

3 Eiweiß (Größe M)

120 g Weizenmehl (Type 405)

3 EL Backkakaopulver

ausgekratztes Mark von 1 Bourbon-Vanilleschote

3 TL Rosolio di Bergamotto (Bergamottelikör, nach Belieben, s. Tipp)

3 TL Alchermeslikör (Gewürzlikör, nach Belieben, s. Tipp)

3 Tropfen Rosenwasser

TIPP:

Wer die Liköre nicht zu Hause hat oder nicht extra besorgen möchte, kann sie auch weglassen, durch andere Aromen ersetzen (z. B. durch die Zugabe von gemahlenem Zimt oder Spekulatiusgewürz) oder mit natürlicher Lebensmittelfarbe (Pulver) einfärben.

*Die Ursprünge der **Fave** liegen Jahrhunderte zurück und sind eng mit dem Totenkult Italiens verbunden. Um den 1. November, in der Zeit, in der die Toten geehrt werden, isst man dieses bunte Mandelgebäck, dessen Farben den Lebenszyklus symbolisieren: Weiß steht für die Geburt, Rosa für das Leben, Braun für den Tod. In den Konditoreien Triests findet man sie traditionell von September bis November.*

ZUBEREITUNG:

Den Backofen auf 180 °C (Ober-/Unterhitze) vorheizen.

Die geschälten Mandeln auf einem mit Backpapier ausgelegten Backblech auslegen und im heißen Backofen (Mitte) 10–15 Minuten rösten, herausnehmen und abkühlen lassen. Anschließend zusammen mit dem Zucker in einen Mixer geben und fein mahlen. Die Eiweiße mit einem Handrührgerät steif schlagen, anschließend das Mehl und die gemahlenen Mandeln unter den Eischnee heben.

Diese Masse wird nun gleichmäßig auf drei Schüsseln verteilt: Zu der ersten werden der Kakao und 1 Prise Vanillemark zugegeben, zu der zweiten der Rosolio-Likör und das restliche Vanillemark, zu der dritten der Alchermeslikör und das Rosenwasser. Verrühren Sie nun jeweils alle drei Massen separat zu einer homogenen Creme.

Den Backofen auf 95–100 °C (Ober-/Unterhitze) vorheizen und ein leicht befeuchtetes Backblech mit Backpapier auslegen.

Aus den drei Massen werden nun kleine Bällchen (à ca. 10 g) geformt und ungefähr 10–15 Minuten lang im heißen Ofen (Mitte) gebacken. Anschließend abkühlen lassen.

CANESTRELLI

Für ca. 50 Stück

3 Eier (Größe M)

150 g Weizenmehl (Type 405)

100 g Kartoffelstärke

125 g Puderzucker

abgeriebene Schale von ½ Bio-Zitrone

ausgekratztes Mark von 1 Bourbon-Vanilleschote

150 g kalte Butter

Außerdem

Mehl für die Arbeitsfläche

1 Blumen-Ausstechform (in der Mitte gelocht)

Diese Kekse sind nicht nur unglaublich hübsch anzusehen, sondern auch herrlich mürbe und lecker! Typisch für das historische Fürstentum von Torriglia in Ligurien, sehen ***Canestrelli*** *wie schneeweiße Margeriten aus und werden am liebsten in einen warmen Earl Grey oder in Eierlikör getunkt.*

ZUBEREITUNG:

Zunächst die Eier 8 Minuten lang kochen, dann herausnehmen, schälen und die Eigelbe von allen 3 Eiern jeweils mit einem Löffel vorsichtig aus dem Eiweiß heraustrennen.

Anschließend vermengen Sie in einer Schüssel das ausgesiebte Mehl mit der Kartoffelstärke und 75 g Puderzucker. Die geriebene Zitronenschale sowie das Vanillemark zugeben und zum Schluss die in Würfeln geschnittene kalte Butter. Alle Zutaten mit den Knethaken des Handrührgeräts 5 Minuten lang kneten.

Nun werden die Eigelbe durch ein feines Sieb gedrückt, dem restlichen Teig zugegeben und eingearbeitet. Mit den Händen kneten, bis ein glatter Teig entstanden ist. Formen Sie nun auf einer leicht bemehlten Arbeitsfläche aus dem Teig eine Kugel und wickeln Sie diese in Frischhaltefolie. Anschließend 1 Stunde im Kühlschrank ruhen lassen.

Heizen Sie den Backofen auf 170 °C (Ober-/ Unterhitze) vor und legen Sie ein Backblech mit Backpapier aus.

Den Teig auf der leicht bemehlten Arbeitsfläche etwa 5 mm dick ausrollen, Blumenteiglinge ausstechen und mit genügend Abstand zueinander auf das Blech legen. Die Canestrelli 18 Minuten lang im heißen Ofen (Mitte) backen. Danach herausnehmen, abkühlen lassen und großzügig mit dem restlichen Puderzucker bestäuben.

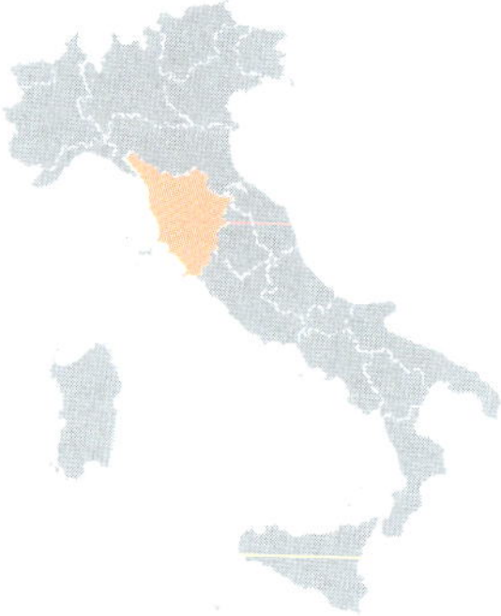

BRIGIDINI

Für ca. ***30 Stück***

3 Eier (Größe M)

45 g Zucker

2 TL Anissamen

Salz

55 g Weizenmehl (Type 405)

TIPP:

In Italien werden die Brigidini in einem speziellen, flachen Waffeleisen gebacken. Zu Hause lassen sie sich am leichtesten im Backofen herstellen.

Eine Süßspeise, oder besser ein ganz spezieller Zeitvertreib, der auf jedem Dorffest in der Toskana zu finden ist: Man kann dabei zusehen, wie dieses knusprige Waffelgebäck an jedem Straßenrand in speziellen Waffeleisen über dem Feuer gebacken wird. Der Legende nach beschlossen einst die Nonnen des Ordens der Hl. Brigida während der Zubereitung von Oblaten für das Kommunionsritual, einen Gaumenschmaus daraus zu machen, indem Sie dem klassischen Oblatenteig Eier, Zucker und Anis beimengten. So entstanden die knusprigen ***Brigidini di Lamporecchio****.*

ZUBEREITUNG:

Eier in einer Schüssel mit einem Schneebesen leicht schlagen, bis sich Eigelb und Eiweiß miteinander verbunden haben. Zucker, Anissamen und 1 Prise Salz hinzugeben und alles miteinander vermengen. Weizenmehl nach und nach hinzugeben und mit der Masse vermischen. Der Teig sollte sehr flüssig sein.

Den Backofen 180 °C (Umluft) vorheizen. Ein Backblech mit Backpapier auslegen. Je Keks ½ EL Teig auf das Backpapier geben und mit der Rückseite des Löffels zu einem sehr dünnen runden Fladen ausstreichen. Nur wenn der Teig sehr dünn auf das Backpapier aufgetragen wird, werden sie so knusprig, wie sie sein sollen.

Die Brigidini 10 Minuten im heißen Ofen (Mitte) backen. Anschließend herausnehmen, Kekse mit einem Pfannenwender vorsichtig lösen, wenden, dann weitere 5 Minuten backen. *Attenzione:* Achten Sie bitte darauf, dass die Kekse nicht zu dunkel werden. Die Backzeit hängt stark von der Dicke der Teigfladen ab. Grundsätzlich gilt: Sobald sich die Fladen zu wölben beginnen und an den Rändern etwas braun werden, müssen sie gewendet und von der zweiten Seite gebacken werden, bis sie knusprig sind!

Die Kekse anschließend herausnehmen und abkühlen lassen.

CANTUCCINI

Für 30 Stück

50 g Mandeln

25 g ungesalzene, geschälte Pistazien

50 g getrocknete Aprikosen (alternativ Rosinen)

225 g Weizenmehl (Type 405)

½ TL Backpulver

60 g Zucker

4 EL Puderzucker

Salz

2 Eier (Größe M)

TIPP:

Cantuccini genießt man am besten mit einem Glas typischem Vinsanto aus der Toskana oder natürlich zum „caffè".

Die älteste Aufzeichnung der ***Cantuccini*** *findet sich im ersten Italienisch-Wörterbuch von 1691, herausgegeben von der Accademia della Crusca, wo sie als „Teigscheiben aus Auszugsmehl, Zucker und Eiweiß" beschrieben werden. Das Rezept für die heutzutage weltberühmten Cantuccini wurde erst 1867 auf der Pariser Weltausstellung von dem Prateser Konditor Antonio Mattei vorgestellt, für das er sogar internationale Preise gewann. Die Konditorei Mattonella in Prato existiert auch heute noch, das Familienrezept für die original Cantuccini ist natürlich streng geheim …*

ZUBEREITUNG:

Den Backofen auf 200 °C (Umluft) vorheizen. Ein Backblech mit Backpapier auslegen. Mandeln und Pistazien nebeneinander auf das Backblech geben. Die Nüsse im heißen Ofen (Mitte) ca. 10 Minuten rösten. Herausnehmen und abkühlen lassen. Anschließend 25 g der Mandeln im Mörser fein zerstoßen. Die restlichen Nüsse grob hacken.

Alle Nüsse in eine große Schale geben. Die getrockneten Aprikosen grob hacken. Mehl, Backpulver, Zucker, Puderzucker, 1 Prise Salz und Aprikosen zu den Nüssen geben.

Die Eier in einer kleinen Schüssel mit einer Gabel leicht verquirlen. Eier zu der Mehl-Mischung geben und mit einem Holzlöffel so lange verrühren, bis ein Teig entstanden ist und sich alle Zutaten gut miteinander vermengt haben.

Den Teig halbieren, jede Hälfte mit den Händen zu ca. 5 cm breiten Strängen formen. Beide Stränge auf ein mit Backpapier ausgelegtes Backblech geben und im 180 °C heißen Ofen (Mitte) 15–20 Minuten backen. Aus dem Ofen nehmen und beide Stränge diagonal in etwa 1 cm dicke Scheiben schneiden. Die Scheiben zurück auf das Backblech legen und weitere 5–10 Minuten bei gleicher Temperatur im Ofen backen. Anschließend herausnehmen und abkühlen lassen.

RICCIARELLI DI SIENA

Für 20 *Stück*

200 g ganze geschälte Mandeln

20 g Maisstärke

1 kleines Fläschchen Bittermandelaroma

50 g Zucker

20 ml Wasser

1 Eiweiß (Größe M)

20 g Puderzucker

Außerdem

Puderzucker zum Verzieren

Die Heimat der **Ricciarelli** *ist Siena: Hier findet man in fast jeder Gasse ein kleines Atelier, wo diese köstlichen Marzipankekse noch handwerklich hergestellt werden. Der Legende nach brachte Ricciardetto della Gherardesca diese verführerische Süßigkeit, die dem gekräuselten Bart der Sultane ähnelte, von einem Kreuzzug mit nach Europa. Ihren Namen, der wortwörtlich übersetzt „die kleinen Gekräuselten" bedeutet, verdanken sie ebendieser besonderen Form.*

ZUBEREITUNG:

Die Mandeln im Multizerkleinerer sehr fein mahlen, bis keine Stücke mehr vorhanden sind. Maisstärke mit Mandeln vermengen und das Bittermandelaroma hinzufügen. Das Eiweiß steif schlagen.

Zucker und Wasser in einen Topf geben und gut umrühren, sodass der Zucker mit dem Wasser gleichmäßig vermengt ist. Die Masse zum Köcheln bringen und 90 Sekunden köcheln lassen. Den so entstandenen Zuckersirup zur Mandel-Mehl-Mischung geben und vermengen. Den Eischnee vorsichtig unterheben.

Nun alles mit den Händen zu einem Teig verkneten. Dazwischen teelöffelweise den Puderzucker hinzugeben und weiter kneten. Sollte der Teig danach noch zu sehr an den Händen kleben, einfach noch etwas Puderzucker hinzugeben und einkneten. Teig nun zu einer dicklichen Rolle formen, in Frischhaltefolie einschlagen und 12 Stunden kalt stellen.

Den Backofen auf 170 °C (Umluft) vorheizen. Vom Teig nun 5–10 mm dicke Scheiben abschneiden und zu Rauten formen. Geben Sie die Rauten auf ein mit Backpapier ausgelegtes Backblech und bestäuben Sie sie durch ein Sieb dick mit Puderzucker.

Die Ricciarelli im heißen Ofen (Mitte) 10 Minuten backen. Sie sind fertig, wenn die mit Puderzucker bedeckte Oberfläche leichte Risse bekommt. Grundsätzlich sind und bleiben sie relativ weich, härten beim Abkühlen aber noch etwas nach.

Day 26 . . .

FLORENTINER

Für 12 *Stück*

40 g getrocknete Aprikosen
25 g gehackte Mandeln
50 g Mandelblättchen
½ EL Weizenmehl (Type 405)
40 g Sahne
25 g Butter
25 g Zucker
1 TL Honig
40 g Zartbitterschokolade (75 % Kakaogehalt)

Wenn Sie in den Konditoreien von Florenz nach diesen köstlichen Keksen fragen, kann es leicht passieren, dass Sie leer ausgehen. Denn anders, als der Name vermuten lässt, sind **Florentiner** *kein italienisches Gebäck. Die Kombination der Zutaten verweist vielmehr auf die französische Backtradition. Eine Erklärung für die Verbindung nach Italien könnte die Beziehung der französischen Königsfamilie mit der toskanischen Medici-Familie sein – denn ihre Königin, Caterina de' Medici – stammte aus Florenz. Vermutlich wurde das Gebäck als Zeichen der Wertschätzung für die italienische Adelsfamilie kreiert.*

ZUBEREITUNG:

Die Aprikosen fein hacken und mit Mandeln sowie dem Mehl in einer Schüssel vermengen.

Sahne in einen Topf geben. Butter als Flocken zur Sahne geben, ebenso den Zucker und den Honig. Alles vermengen und langsam erhitzen, bis die Masse zu köcheln beginnt. Nun die Mandel-Mehl-Mischung hinzugeben und gut vermengen. Alles 1 Minute lang köcheln lassen, dabei umrühren. Die Masse kurz abkühlen lassen und anschließend 1 Stunde kalt stellen.

Ein Backblech mit Backpapier auslegen. Den Backofen auf 160 °C (Umluft) vorheizen. Mit einem Esslöffel 12 Portionen auf das Backpapier geben und diese mit der Unterseite des Löffels flachdrücken, sodass sich Kreise mit Ø 5–6 cm ergeben. Die Florentiner auf im heißen Ofen (Mitte) 12 Minuten backen oder solange, bis sie eine schöne goldene Farbe angenommen haben. Aus dem Ofen nehmen und vollständig auskühlen lassen.

Die Schokolade fein hacken und in der Mikrowelle vorsichtig zum Schmelzen bringen. Nun den Boden der Florentiner mit Schokolade einpinseln, Florentiner mit der Rückseite nach oben auf einen Rost legen und die Schokolade fest werden lassen. *Attenzione:* Bitte gehen Sie dabei sehr behutsam vor, denn die Florentiner sind sehr zerbrechlich!

Æneas had gone far into the shop
with Mr. Fogarty behind a screen
is Holy Ireland, every one who

BISCUTIN

Für ca. 60 Stück

Für den Teig
270 g Weizenmehl (Type 405)
3 Eier (Größe M)
3 EL Olivenöl extra vergine

Für die Glasur
50 ml Wasser
250 g heller Rohrohrzucker
abgeriebene Schale von 1 Bio-Zitrone

Außerdem
Mehl für die Arbeitsfläche

TIPP:

Die Biscutin schmecken am besten zu einem Gläschen Vinsanto oder auch Vin di Visciole, dem typischen Wildkirschenwein aus den Marken!

Die Biscottini sciroppati di Fratte Rosa, auch bekannt als ***Biscutin****, stammen aus der gleichnamigen Gemeinde in der Provinz Pesaro-Urbino und sind ein Traditionsprodukt der Region Marken. Die getrockneten Kekse, die sehr lange haltbar sind, entstanden während des ersten Weltkrieges und wurden zur Versorgung der Soldaten an die Front geschickt. Auch heute noch wird in Fratte Rosa die Geschichte der alten Dame erzählt, die ihre selbstgebackenen Biscutin zur Verwandtschaft nach Amerika verschicken wollte. Diese erreichten jedoch nie ihr Ziel und kamen Monate später zu ihrer Absenderin zurück. Als sie die Büchse öffnete, verströmten die Kekse immer noch den gleichen wohlriechenden Duft wie am ersten Tag!*

ZUBEREITUNG:

Das Mehl zusammen mit den Eiern und dem Öl wenige Minuten lang zu einem elastischen, glatten Teig verarbeiten. Eine Kugel daraus formen, diese in Folie einwickeln und bei Zimmertemperatur 30 Minuten ruhen lassen.

Anschließend die Arbeitsfläche mit Mehl bestäuben, den Teig aus der Folie nehmen und einige Rollen (ca. Ø 2,5 cm) daraus formen. Diese jeweils in ca. 2–4 cm breite Scheiben schneiden, in der Handfläche etwas abrunden, dann in die Mitte mithilfe von Zeigefinger und Daumen ein Loch drücken, sodass aus den Keksen runde Kringel entstehen.

Einen mittelgroßen Topf bis zur Hälfte mit Wasser füllen. Das Wasser zum Kochen bringen und so viele Biscutin ins Wasser geben, dass sie sich nicht bedecken. Dies kann auch auf zwei oder drei Durchgänge aufgeteilt werden. Die Teigkringel etwa 5 Minuten kochen, mit einer Schaumkelle herausnehmen und auf einem Backofengitter kurz abkühlen lassen.

Ora s'informa! Den Backofen auf 200 °C (Ober-/ Unterhitze) vorheizen und ein leicht befeuchtetes Backblech mit Backpapier auslegen. Die vorgekochten Biscutin auf das Backpapier verteilen und ungefähr 15 Minuten lang im heißen Ofen (Mitte) goldbraun backen, anschließend aus dem Ofen nehmen und kurz auf dem Blech abkühlen lassen.

In der Zwischenzeit für die Glasur Wasser mit dem Zucker und der geriebenen Zitronenschale zum Kochen bringen und leicht eindicken lassen. Sobald die Glasur weißlich wird, die Kekse darin mit einer Zange eintunken, rundum glasieren und anschließend kurz auf Backpapier trocknen lassen. Fertig!

CIAMBELLINE AL VINO ROSSO

Für ca. *30 Stück*

100 ml Rotwein

100 ml Olivenöl

100 Zucker

10 g Backpulver

400 g Weizenmehl (Type 405)

Außerdem

Mehl für die Arbeitsfläche

20 g Zucker zum Verzieren

TIPP:

Die Kekse lassen sich nach Belieben auch mit Weißwein herstellen.

*Die **Ciambelline**, köstliche Weinkringel mit Anis, stammen aus den Castelli Romani, den Bergen rund um Rom. Jeder Römer kennt und liebt sie und verzehrt sie am liebsten in ein Rotweinglas mit frischen Pfirsichstückchen getunkt.*

ZUBEREITUNG:

Rotwein, Olivenöl, Zucker und Backpulver in eine Schüssel geben. Alles miteinander verrühren. Mehl hinzugeben, mit einem Holzlöffel einrühren und anschließend mit den Händen zu einem glatten Teig kneten. Die Arbeitsplatte mit etwas Mehl besäuben und den Teig zu einer 5 cm dicken Rolle formen, in Folie schlagen und 30 Minuten kalt stellen.

Den Backofen auf 180 °C (Ober-/Unterhitze) vorheizen. Backblech mit Backpapier auslegen. Den Zucker zum Verzieren auf einen flachen Teller geben.

Vom Teig und nach und nach 30 Teigstücke abzupfen. Diese jeweils zu kleinen Ringen zusammenlegen und großzügig im Zucker wälzen. Sollte der Zucker nicht ausreichen, einfach mehr hinzugeben. Anschließend mit Abstand zueinander auf das Backblech legen. *Attenzione:* Die Kekse gehen im Ofen noch etwas auf. Wer grundsätzlich etwas größere Kekse haben möchte, kann natürlich auch mehr Teig nehmen und die Kordeln etwas dicker lassen.

Die Ciambelline im heißen Ofen (Mitte) 15–20 Minuten golden backen, herausnehmen und abkühlen lassen.

FERRATELLE

Für 6–8 *Stück*

100 g Weizenmehl (Type 405)

1 Ei (Größe M)

50 g feiner Zucker

2 EL Sonnenblumenöl

80 ml Milch

2 g Backpulver

1 TL abgeriebene Schale
von 1 Bio-Zitrone

Außerdem

1 elektrisches Waffeleisen
(z. B. für Herzwaffeln)

neutrales Öl, z. B. Sonnenblumenöl

Puderzucker zum Verzieren

TIPP:

Für das typische Muster der Ferratelle benötigen Sie ein spezielles, flaches Waffeleisen. Die Waffeln lassen sich aber genauso gut in einem Waffeleisen mit Herzform ausbacken, dann erhalten Sie etwa 3–4 Waffeln.

*Die **Ferratelle** sind ein typisches Beispiel für die Backkultur der Abruzzen. Dünn und knusprig oder etwas fester und weich, werden sie oft mit Anis gewürzt und mit Traubenkonfitüre, Haselnusscreme oder Honig und Walnüssen gegessen. Traditionell werden sie direkt über offenem Feuer mit einem dünnen Waffeleisen mit leichten Einkerbungen zubereitet, die ein schönes Muster in den Teig formen. Im Volksmund sagt man, dass zum Backen das Waffeleisen für die Zeit eines „Vaterunsers" von der einen Seite und eines „Ave Maria" von der anderen in die Flammen gehalten wird.*

ZUBEREITUNG:

Alle Zutaten für den Teig in eine Schüssel geben. Mit einem Schneebesen gründlich miteinander vermengen, sodass sich keine Klümpchen bilden.

Das Waffeleisen vorheizen, die Innenfläche des Eisens mit etwas Öl einfetten. Die Hälfte einer Schöpfkelle mit Teig füllen und diesen in das Waffeleisen geben. *Attenzione:* Der Teig muss wirklich sehr dünn aufgetragen werden! Das Eisen zuklappen und die Waffeln nach Gebrauchsanweisung backen bzw. bis sie eine goldbraune Farbe angenommen haben.

Zum Schluss nach Belieben mit Puderzucker bestäuben.

ANGINETTI DI LAURÌA

Für 30–35 Stück

Für den Teig

1 EL Rohrzucker

40 ml Anislikör (nach Belieben, alternativ eine alkoholfreie Variante, z. B. Blancart Anise)

1 Ei (Größe M)

1 Eigelb (Größe M)

1 ½ EL Olivenöl

200 g Weizenmehl (Type 405)

9 g Backpulver

Für die Glasur

Saft von 1 Zitrone

60 g Puderzucker

*Bei den **Anginetti di Laurìa** handelt es sich um ein sehr altes Rezept, tief verwurzelt in der Tradition des italienischen Südens. Ihren Ursprung haben die Kekskringel – wie der Name schon sagt – in Laurìa (Basilicata) und sind Zeugen einer alter Backkunst, die keinesfalls in Vergessenheit geraten sollte. Dem Teig wird oft – ähnlich wie dem klassischen Brot aus der Toskana (s. S. 40) – das Attribut „sciocco“ (geschmacksneutral) zugeschrieben, da die Zutaten, aus denen er besteht, sehr einfach sind. Der wahre Reichtum dieses Produkts ergibt sich erst durch die üppige und absolut köstliche Glasur. Lassen Sie sich überraschen!*

ZUBEREITUNG:

Alle Zutaten für den Teig in eine Schüssel geben und gründlich miteinander verkneten. Hierzu am besten die Hände nehmen. So lange kneten, bis er eine homogene Konsistenz hat.

Aus dem Teig 30–35 Kordeln (à 15–20 cm) mit einem Durchmesser von 1–2 cm formen. Jede Kordel zu einem groben Knoten einschlagen.

Einen mittelgroßen Topf bis zur Hälfte mit Wasser füllen. Das Wasser zum Kochen bringen und so viele Teigknoten ins Wasser geben, dass sie sich nicht bedecken. Dies kann auch auf zwei oder drei Durchgänge aufgeteilt werden. Die Teigknoten etwa 5 Minuten kochen, mit einer Schaumkelle herausnehmen und auf einem Backofengitter kurz abkühlen lassen.

Den Backofen auf 180 °C (Umluft) vorheizen. Ein Backblech mit Backpapier auslegen, die Teigknoten darauf geben. Im heißen Ofen (Mitte) 15–20 Minuten backen, bis sie eine leichte Färbung annehmen und von außen knusprig sind. Anschließend etwas abkühlen lassen.

Für die Glasur die Zitrone auspressen, Puderzucker in ein Schälchen geben. Zitronensaft löffelweise hinzugeben und gut mit dem Zucker vermengen. Für eine dicke weiße Glasur ist es wichtig, den Zitronensaft nach und nach hinzuzugeben, da die Glasur bei zu viel Flüssigkeit schnell zu dünn wird. Die Kekse mit der Oberseite in die Glasur tunken, dann zurück auf das Backpapier legen und trocknen lassen.

PASTE DI MANDORLA

Für 45 *Stück*

2 Eiweiß (Größe M)

250 g fein gemahlene Mandeln (kein Mandelmehl, das ist zu trocken!)

160 g Puderzucker

2 TL Orangenblütenhonig

20 g Orangeat (nach Belieben)

Außerdem

Puderzucker zum Verzieren

ganze Mandeln für die Dekoration

TIPP:

Auch sehr beliebt ist dieses köstliche Mandelgebäck mit roten Cocktail- oder Amarenakirschen!

Der Ursprung der **Paste di Mandorla** *– auch „Pasta Reale" genannt – reicht zurück bis ins 12. Jh. Angeblich entstand das Mandelgebäck im Kloster der Kirche Santa Maria dell'Ammiraglio in Palermo und schmeckte so himmlisch, dass man ihm den Beinamen „reale" (königlich oder eines Königs würdig) gab.*

ZUBEREITUNG:

Eiweiß mithilfe des Handrührgeräts in einer Schüssel kurz schaumig schlagen. *Attenzione:* Es sollte auf keinen Fall stehen, da dann zu wenig Flüssigkeit verbleibt. Mandeln, Puderzucker und Honig hinzugeben. Das Orangeat sehr fein hacken und ebenfalls hinzugeben. Alles gründlich mithilfe eines Löffels miteinander vermengen und anschließend zu einer Kugel formen. Die Schüssel mit Folie abdecken und für min. 8 Stunden in den Kühlschrank stellen.

Ein Backblech mit Backpapier auslegen. Den Backofen auf 170 °C (Umluft) vorheizen.

Vom Teig mit der Hand kleine Teigportionen lösen und daraus Kügelchen von 2 cm Höhe und 2 cm Durchmesser formen und etwas platt drücken. Anschließend rundherum in Puderzucker wälzen, sodass sie dick damit bedeckt sind. In die Mitte der Kügelchen eine ganze Mandel drücken. Die Teigkügelchen mit 2 cm Abstand zueinander auf das Blech setzen, da sie noch ein wenig auseinanderlaufen.

Die Kekse für 10–15 Minuten im heißen Ofen (Mitte) backen, anschließend herausnehmen und abkühlen lassen. Wenn sie aus dem Ofen kommen, sind sie anfangs noch etwas weich, härten aber schnell nach. Insgesamt sollten sie innen noch etwas feucht sein und auch so bleiben, sonst werden sie zu trocken.

Gottfried Kirchhoff
Wolfgang Amadeus Mozart
Bartholdy
Purcell
Georg Friedrich Telemann

Torte & Dolci –
KUCHEN, TORTEN & CO.

FLORIAN

BONET

Für 1 Kastenform (Ø 26 cm)

250 g Zucker

300 ml Milch

225 ml Crème double

2,5 EL Backkakaopulver

60 g Zartbitterschokolade, gehackt (70 % Kakaogehalt)

3 Eier (Größe M)

35 g Rohrzucker

150 g Amaretti (s. S. 138, alternativ Fertigprodukt)

Außerdem

Öl zum Einfetten

4 Amaretti für die Dekoration

*Das **Bonet**, ein reichhaltiger Schokoladenpudding aus dem südlichen Piemont, verdankt seinen Namen der ursprünglich runden Form, die Ähnlichkeit mit einem Hut hatte – im piemontesischen Dialekt bedeutet „Bonet" Hut. Das Bonet bildet also den Abschluss einer Mahlzeit, der man sozusagen „den Hut überstülpt", genauso, wie der Hut das letzte Kleidungsstück ist, das man anzieht, bevor man das Haus verlässt. Am einfachsten lässt es sich das Bonet tatsächlich in einer Kastenform zubereiten.*

ZUBEREITUNG:

Den Backofen auf 170 °C (Umluft) vorheizen. Eine Lage Backpapier mit etwas Öl fetten.

Zucker und 8 EL Wasser in einen kleinen Topf geben, vorsichtig erhitzen und den Zucker karamellisieren lassen. Dabei nicht mit einem Löffel umrühren, da der Zucker sonst Klumpen bildet. Die Hälfte des Karamells in die Kastenform geben und diese etwas hin und her bewegen, damit sich das Karamell verteilt. Die andere Hälfte auf das eingeölte Backpapier geben, erkalten lassen und zerbrechen. Die Karamellstückchen sind später für die Dekoration.

Milch und Crème double in einen Topf geben und zum Sieden bringen. Backkakaopulver und Schokolade in die Milch-Sahne-Mischung geben und vermengen. Immer wieder umrühren, bis die Schokolade geschmolzen ist. Anschließend den Topf sofort vom Herd nehmen.

Eier in einer Schüssel aufschlagen und Rohrzucker hinzugeben. Mit einem Handrührgerät schaumig schlagen, bis sich der Zucker aufgelöst hat. Nun die Schokoladen-Mischung aus der Höhe langsam hineinfließen lassen, dadurch kühlt der Strahl beim Hineinlaufen etwas ab. Amaretti zerbröseln und ebenfalls hinzugeben. Die Mischung in die Kastenform geben.

Ora s'inforna: Die Kastenform in eine Fettpfanne oder ausreichend große Ofenform mit hohem Rand stellen und diese mit kochend heißem Wasser füllen, sodass die Kastenform zu ⅓ ihrer Höhe im Wasser steht. Im heißen Ofen (Mitte) für 1–1 Stunde 15 Minuten backen. Die Kastenform aus dem Wasserbad nehmen und abkühlen lassen. *Attenzione:* Das Bonet wird sich zu diesem Zeitpunkt noch nicht ganz fest anfühlen, wenn man leichten Druck ausübt. Die Form mit Frischhaltefolie abdecken und 6h auskühlen lassen.

Zum Servieren die Seiten des Bonets mit einem Messer vorsichtig vom Rand der Kastenform lösen und auf einen Teller stürzen. Zusätzliche Amaretti zerbröseln und diese zusammen mit den Karamellstücken als Dekoration auf das Bonet geben.

MILLEFOGLIE

Für 4 Stück

1 Lage Blätterteig (37 x 25 cm, aus dem Kühlregal)

Crema Pasticcera (s. S. 234)

200 g Erdbeeren

Außerdem

Puderzucker zum Verzieren

*Die **Millefoglie** („tausend Blätter"), auch bekannt als Torta Napoleone (benannt nach Kaiser Napoleon Bonaparte), stammen ursprünglich aus der französischen Küche und bestehen, ihrem Namen alle Ehre machend, aus mehreren Schichten Blätterteig. Als Füllung wird typischerweise Crema Pasticcera verwendet, wobei es auch viele weitere Variationen, z. B. mit Crema Chantilly oder Schokoladencreme gibt.*

ZUBEREITUNG:

Den Backofen auf 170 °C (Umluft) vorheizen. Ein Backblech mit Backpapier auslegen. Blätterteig darauf ausrollen. Eine weitere Lage Backpapier sowie abschließend ein zweites Backblech auf den Blätterteig legen (das Gewicht hindert den Teig daran, zu stark aufzugehen).

Den Blätterteig im heißen Ofen (Mitte) 10–15 Minuten backen. Das Blech aus dem Ofen nehmen, das obere Blech samt Backpapier abheben, den Blätterteig umdrehen und nochmals 10–15 Minuten backen. Anschließend herausnehmen und abkühlen lassen.

Die Crema Pasticcera, wie auf S. 234 beschrieben, vorbereiten.

Den Blätterteig in 12 gleichgroße rechteckige Scheiben schneiden. Auf 9 Blätterteigscheiben jeweils mithilfe eines Löffels oder Spritzbeutels etwas Crema Pasticcera verteilen.

Die Erdbeeren waschen, vierteln und auf der Crema Pasticcera verteilen. Aus den 9 mit Creme bestrichenen Blätterteigscheiben 3 Türme bauen und diese jeweils mit 1 Blätterteiglage bedecken. Zum Schluss dünn mit Puderzucker bestäuben und frisch genießen.

TORTA PARADISO

Dieser sagenhaft leckere Kuchen diente einst zur Brautwerbung: Damals beauftragte Marquese Cusani Visconti den besten Konditor von Pavia mit einem Backwerk, das so himmlisch schmeckte, dass er damit seine Angebetete betören könne. Und tatsächlich: Dank dieses Rezepts, das ursprünglich einem nahegelegenen Kloster entstammte, verliebte sich seine Herzensdame prompt in den Marquese. Gibt es ein besseres Argument, diesen Kuchen zu backen?

Für 1 Springform (Ø 21 cm)

Für den Teig

150 g zimmerwarme Butter

75 g Puderzucker

abgeriebene Schale von ½ Bio-Zitrone

Salz

2 Eier (Größe M)

2 Eigelb (Größe M)

80 g Weizenmehl (Type 405)

80 g Speisestärke

½ Pck. Backpulver

Für die Füllung

375 g Mascarpone

60 g Puderzucker

Außerdem

Butter für die Form

Mehl für die Form

Puderzucker zum Verzieren

ZUBEREITUNG:

Heizen Sie zu Beginn den Backofen auf 170 °C (Umluft) vor.

Die zimmerwarme Butter in grobe Stücke schneiden und in einer Schüssel mit dem Handrührgerät schaumig rühren. Puderzucker hinzugeben und verrühren. Zitronenschale und 1 Prise Salz unterrühren.

Eier und Eigelbe in einer zweiten Schüssel verquirlen. Die Eier-Mischung esslöffelweise zu der Buttermischung geben und unterheben. Immer erst dann einen neuen Esslöffel von der Eimischung hinzugeben, wenn der vorherige gut untergerührt ist.

Mehl, Speisestärke und Backpulver zusammen in eine separate Schüssel sieben. Anschließend esslöffelweise zu der Eier-Butter-Mischung geben und unterheben. Der Teig soll am Ende weich und fluffig sein.

Den Rand einer Springform einfetten und mit Mehl bestäuben. Den Boden der Springform mit Backpapier auslegen. Die Hälfte des Teigs in die Springform füllen und die Oberfläche glattstreichen.

Ora s'inforna: Im heißen Ofen (Mitte) für 25–30 Minuten backen und die Stäbchenprobe durchführen: Wenn am Holz Teig kleben bleibt, sollte der Kuchen noch ein paar Minuten weiterbacken. Den Kuchen anschließend vollständig abkühlen lassen und aus der Springform lösen. Mit der zweiten Teighälfte analog verfahren. *Attenzione:* Wenn Sie zwei Springformen haben, können Sie beide Teigplatten auch parallel backen, ansonsten nacheinander.

Für die Füllung Mascarpone und Puderzucker mit dem Handrührgerät cremig schlagen. Nun vorsichtig mit einem Teigschaber die Mascarpone-Creme auf einer Teigplatte verteilen. Die zweite Platte daraufgeben und zum Schluss großzügig mit Puderzucker bestäuben.

TIPP:

Wer geübt ist, kann die Teigmasse auch vollständig in einer Springform backen. In diesem Fall muss der Teig nach dem Backvorgang horizontal halbiert werden.

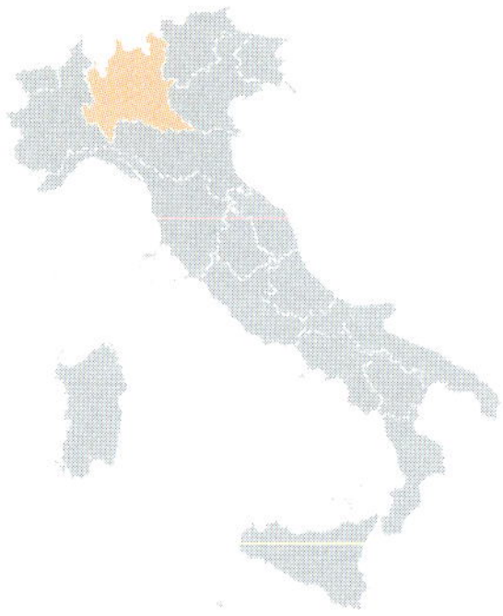

TORTA SBRISOLONA

Für 1 Tarteform (Ø 26–28 cm)

100 g Weizenmehl (Type 405)

50 g Mandelmehl

60 g Maismehl

70 g Zucker

Salz

½ TL gemahlener Zimt

80 g Butter

1 Eigelb (Größe M)

50 g ganze Mandeln

Außerdem

Butter für die Form

ganze Mandeln für die Dekoration

Die ***Torta Sbrisolona****, deren Name sich von dem Wort „briciola" (Krümel) ableitet, ist ein Kuchen, der in Italien ganzjährig zubereitet wird. Keine Torta Sbrisolona ist allerdings vollkommen ohne einen süßen Wein zum Tunken, wahlweise Malvasia oder Moscato aus der Region Mantua, von wo auch das Rezept für die Sbrisolona stammt.*

ZUBEREITUNG:

Den Backofen auf 170 °C (Umluft) vorheizen. Die Tarteform mit Butter einfetten.

Die Mehle, Zucker, 1 Prise Salz und Zimt in eine Küchenmaschine geben. Die Butter in grobe Stücke schneiden und hinzugeben, dann das Eigelb. Alles miteinander vermengen, die Masse sollte dabei aber nicht zu glatt werden, sondern bröselig bleiben.

Die Teig-Brösel in eine Schüssel geben und mit den Fingern die Mandeln unterheben. Den Teig mit den Fingern so bearbeiten, dass Streusel entstehen bzw. bestehen bleiben. Die Mischung in die Tarteform geben, vorsichtig verteilen und nur leicht drücken, sodass die Streusel zwar zusammenhalten, aber nicht zerdrückt werden – die Streusel sollen nach wie vor locker liegen. Zum Schluss einige ganze Mandeln als Dekoration auf der Oberfläche verteilen und die Sbrisolana im heißen Ofen (Mitte) 30–40 Minuten lang backen. Dabei darauf achten, dass sie nicht zu dunkel wird.

Lassen Sie die Torta kurz abkühlen, schneiden oder brechen Sie sie dann in grobe Stücke und lassen Sie sie anschließend vollständig auskühlen.

TORTA PAESANA

Für 1 Springform (Ø 26 cm)

300 g Weißbrot (vom Vortag)

1 l warme Milch

100 g Amaretti (s. S. 138, alternativ Fertigprodukt)

50 g Backkakaopulver

120 g Zucker

1 TL gemahlener Zimt

abgeriebene Schale von 1 Bio-Zitrone

2 Eier (Größe M)

50 g Pinienkerne

Außerdem

Butter für die Form

Mehl für die Form

Pinienkerne für die Dekoration

Dieser einfache Kuchen aus Norditalien ist ein Klassiker der ländlichen Küche und diente ursprünglich als Resteverwertung, denn nichts sollte verschwendet werden. Die Grundlage bildet Weißbrot, das, in warmer Milch aufgeweicht und mit Nüssen und Zimt verfeinert, zu einer leckeren Süßspeise wird.

ZUBEREITUNG:

Das Brot in grobe Stücke schneiden und in eine große Schüssel geben. Mit der Milch begießen, mit Frischhaltefolie abdecken und 1 Stunde einweichen, bis sich das Brot vollständig mit der Milch vollgesogen hat. Anschließend mit einer Gabel so zerdrücken, dass eine homogene Masse entsteht.

Amaretti in einen Gefrierbeutel geben und mit einem Nudelholz oder einer leeren Flasche zerdrücken, alternativ in einem Multizerkleinerer zerkleinern. Die Brösel in eine Schüssel geben und mit Backkakaopulver, Zucker, Zimt und der Zitronenschale vermischen.

Den Backofen auf 180 °C (Ober-/Unterhitze) vorheizen.

Die Backform hauchdünn mit Butter einfetten und mit etwas Mehl flächendeckend bestäuben. Den Überschuss an Mehl über dem Spülbecken abklopfen.

Die Eier in einem separaten Schälchen miteinander verquirlen. Anschließend zusammen mit der Keks-Kakao-Mischung zu der Brotmasse geben und gut verrühren. Pinienkerne unterrühren. Die Kuchenmasse in die vorbereitete Backform füllen. Einige Pinienkerne zur Dekoration auf die Oberfläche streuen. Im heißen Backofen (Mitte) ca. 1 Stunde backen – gegen Ende der Backzeit eine Stäbchenprobe durchführen: Wenn kein Teig am Stäbchen zurückbleibt (der Kern sollte jedoch eine leichte Restfeuchtigkeit aufweisen), ist Ihre Torta Paesana fertig. Vor dem Servieren komplett auskühlen lassen.

TORTA CAMILLA

Für 1 Gugelhupfform (Ø 24–26 cm)

200 g Karotten

3 Eier (Größe M)

170 g Zucker

abgeriebene Schale und Saft von 1 Bio-Orange

90 g Olivenöl

50 Kartoffelstärke

250 g Weizenmehl (Type 405)

1 Pck. Backpulver

100 g gemahlene Mandeln

Außerdem

Butter zum Einfetten

Puderzucker zum Verzieren

TIPP:

Die Torta Camilla wird traditionell in einer Zuccotto-Form gebacken, alternativ können Sie aber auch – wie hier – eine Gugelhupfform oder auch eine Springform verwenden.

In Italien aus dem Alltag nicht mehr wegzudenken sind die beliebten Tortine Camille, kleine Rübli-Muffins, die von Jung und Alt gerne zu jeder Tageszeit genascht werden. Die ***Torta Camilla****, die ich hier vorstelle, ist sozusagen die „große Schwester“ des Klassikers.*

ZUBEREITUNG:

Zunächst die Karotten schälen und putzen. Anschließend im Multizerkleinerer oder auf einer Gemüsereibe per Hand fein raspeln. Den Backofen auf 165 °C (Umluft) vorheizen.

Für den Teig die Eier in einer Schüssel schaumig schlagen. Zucker hinzufügen und vermengen, bis er sich aufgelöst hat. Orangenschale und -saft unterrühren, ebenso das Olivenöl. Nun nacheinander Kartoffelstärke, Mehl, Backpulver und Mandeln in den Teig einrühren.

Zuletzt die geraspelten Karotten unterheben und alles gut miteinander vermengen, bis ein glatter Rührteig entstanden ist.

Die Gugelhupfform einfetten. Den Teig hineingeben und im heißen Ofen (Mitte) 50 Minuten lang backen. Den Kuchen anschließend kurz abkühlen lassen, aus der Form stürzen und mit Puderzucker bestreut servieren.

SÜDTIROLER APFELSTRUDEL

Für 1 *Strudel*

Für den Teig
300 g Weizenmehl (Type 405)
100 g Butter
1 TL Salz
160 g Zucker
2 Eier (Größe M)
1 TL gemahlene Vanille
1 EL abgeriebene Schale einer Bio-Orange

Für die Füllung
3 Äpfel (z. B. Gala, Braeburn, Elstar)
2 EL Rosinen
2 EL Pinienkerne
2 EL Zucker
2 TL gemahlener Zimt
2 EL Zitronensaft
2 TL abgeriebene Schale von 1 Bio-Zitrone
2 EL Semmelbrösel

Außerdem
1 Ei (Größe M) zum Einpinseln
Puderzucker zum Verzieren

*Der **Apfelstrudel** ist eine Spezialität des Nordens, die auch in Südtirol eine lange Tradition hat, kein Wunder, ist die Region doch berühmt für ihre unzähligen Apfelplantagen. Anders als in Österreich und Bayern wird der Südtiroler Apfelstrudel von einem Mürbteig umhüllt. Mit diesem verführerischen Strudel-Traum entführe ich Sie direkt in das Land der endlosen Apfelblüten!*

ZUBEREITUNG:

Alle Zutaten für den Teig in eine Schüssel geben und erst gründlich mit den Knethaken des Handrührgeräts, anschließend mit den Händen zu einem glatten Teig verkneten. Zu einer Kugel formen, mit Frischhaltefolie abdecken und 2 h im Kühlschrank kalt stellen.

In der Zwischenzeit die Äpfel schälen, vierteln, vom Kerngehäuse befreien und in 1 cm große Würfel schneiden. Apfelwürfel mit den übrigen Zutaten für die Füllung vermengen.

Heizen Sie den Backofen auf 200 °C (Umluft) vor, legen Sie eine Lage Backpapier auf die Arbeitsfläche. Geben Sie den Teig darauf und rollen Sie ihn 5 mm dick und rund aus. Arbeiten Sie dabei bitte zügig, damit der Teig nicht zu weich wird.

Verteilen Sie nun die Apfelfüllung in der Mitte länglich auf dem Teig und schlagen Sie ihn von den kurzen Seiten her über der Füllung ein. Anschließend von links und rechts vorsichtig über der Füllung einschlagen. *Attenzione:* Dieser Schritt ist nicht ganz einfach, da der Teig schnell einreißt! Legen Sie ggf. das Backpapier mit dem Teig über die Füllung und ziehen Sie das Papier anschließend vorsichtig ab. Zum Schluss noch das Ei verquirlen und den Teig damit einpinseln.

È tempo d'infornare: Setzen Sie das Backpapier mit dem Strudel auf das Blech und backen Sie ihn 5 Minuten im heißen Ofen (Mitte) vor, reduzieren Sie anschließend die Hitze auf 190 °C und lassen Sie den Strudel in 30 Minuten fertig backen.

Lassen Sie den fertigen Strudel kurz etwas abkühlen und bestäuben Sie ihn zum Servieren mit reichlich Puderzucker. Auch kalt ist der Strudel ein Genuss!

TIRAMISÙ

Für 1 Auflaufform (ca. 20 x 30 cm)

Für die Mascarpone-Creme

4 Eier (Größe M)

145 g Rohrohrzucker

500 g Mascarpone (alternativ 250 g davon durch Sahne ersetzen)

Für die Savoiardi

200 ml kalter Espresso

80 ml Marsala (alternativ 2–3 Tropfen Bittermandelaroma)

250 g Savoiardi (s. S. 130, alternativ Fertigprodukt)

Außerdem

80 g Backkakaopulver zum Verzieren

TIPP:

Probieren Sie auch mal eine fruchtige Variante – ob mit Erdbeeren, Pfirsichen, Waldfrüchten, Orangen oder Pistaziencreme, bei Tiramisù ist fast alles erlaubt! Hierzu können Sie die Savoiardi auch in einem passenden Fruchtsaft statt in Kaffee tränken.

Das wohl berühmteste Dessert Italiens stammt ursprünglich aus Venetien, das lange Zeit unter österreichischer Verwaltung stand. Seine meisterhafte Zusammensetzung aus starkem Espresso, fluffigen Savoiardi und einer verführerischen Creme, getoppt mit köstlichem Kakao, schlägt eine Brücke zwischen den Süßspeisen der Region und der Wiener Konditorkunst. Die Eigelbcreme, die als Basis dient, wurde früher als „Aufputschmittel" genutzt, daher der Name ***Tiramisù****, der buchstäblich übersetzt „zieh mich hoch" bedeutet.*

ZUBEREITUNG:

Die Eigelbe von den Eiweißen trennen. Eiweiße mithilfe des Handrührgeräts ca. 10 Minuten lang zu Eischnee schlagen. In einer zweiten Schüssel die Eigelbe zusammen mit dem Zucker mithilfe des Handrührgeräts verrühren, bis sich der Zucker vollständig aufgelöst hat. Die Mascarpone mit einer Gabel leicht auflockern, dann zu der Eigelbmasse geben und alles behutsam mit einem Teigschaber vermengen. Anschließend den Eischnee vorsichtig unterheben, sodass eine luftige Creme entsteht.

Espresso und Marsala vermischen, dann die Savoiardi darin kurz tränken, sodass sie nur leicht bis zum Kern eingeweicht werden, dabei aber nicht ihre Struktur verlieren.

Legen Sie nun die erste Lage Savoiardi in der Form aus und tragen anschließend mit dem Teigschaber eine Schicht der Mascarpone-Creme auf. Verfahren Sie so abwechselnd weiter. Sie können auch zwischendurch schon nach Belieben etwas Kakao einstreuen. Die letzte Lage Savoiardi wird mit der Creme bedeckt und dann mit reichlich Kakao bestäubt. Sie können das Tiramisù sofort servieren, oder für 2–6 Stunden im Kühlschrank ziehen lassen, damit die Savoiardi die Creme schön aufnehmen.

TORTA DELLA NONNA

Für 1 Springform (Ø 26 cm)

Für die Creme

750 ml Milch

2 Zesten von 1 Bio-Zitrone

3 Eier (Größe M)

6 EL Zucker

6 EL Weizenmehl (Type 405)

Für den Teig

3 Eier (Größe M)

150 g Zucker

120 g Sonnenblumenöl

½ Pck. Backpulver

500 g Weizenmehl (Type 405)

40 g Pinienkerne

Außerdem

Öl und Mehl für die Form

Puderzucker zum Verzieren

*Die **Torta della Nonna** ist eine Süßspeise aus der italienischen Tradition, die Sie, einmal probiert, nicht mehr missen möchten. Den Gerüchten zufolge wurde dieses Gericht von einem Florentiner Koch erfunden, der dazu aufgefordert wurde, einmal ein ganz anderes Dessert zu kreieren – offensichtlich mit Erfolg! Passend dazu gibt es auch die Variante Torta del Nonno: Hierfür wird der Creme zusätzlich noch Kakao hinzugefügt, die Pinienkerne werden durch Mandeln ersetzt.*

ZUBEREITUNG:

Geben Sie für die Creme Milch und Zitronenzesten in einen Topf, Vorsichtig erhitzen und bei niedriger Temperatur ziehen lassen. *Attenzione:* Die Milch sollte nicht kochen!

Die Eier in einem separaten Topf aufschlagen und mit einem Schneebesen schaumig schlagen. Zucker hinzufügen und mit dem Schneebesen vermengen, bis sich der Zucker aufgelöst hat. Geben Sie anschließend das Mehl löffelweise hinein. Gut verrühren, sodass alle Zutaten am Schluss eine glatte Creme ergeben.

Nehmen Sie die Zitronenzesten aus der Milch und geben Sie diese nun in einem dünnen Strahl nach und nach zur Creme, während Sie mit dem Schneebesen immer weiter rühren. Den Topf mit der Creme auf den Herd stellen und leicht erhitzen, dabei weiter schlagen. Die Creme wird nach etwa 5 Minuten fester. Den Topf anschließend mit Frischhaltefolie abdecken und beiseitestellen.

Für den Teig die Eier in einer Schüssel aufschlagen, Zucker, Sonnenblumenöl und Backpulver hinzugeben und alles grob vermengen. Mehl nach und nach hinzugeben und alles mit den Händen zu einem glatten, elastischen Teig verkneten. Den Backofen auf 170 °C (Ober-/Unterhitze) vorheizen.

Den Teig halbieren und eine Hälfte auf einem bemehlten Stück Backpapier dünn ausrollen. Die Springfrom mit etwas Öl fetten, mit Mehl bestäuben und durch Klopfen in der Form verteilen. Das Backpapier mit dem ausgerollten Teig über der Form wenden und so den Teig in die Form hineingeben. Überschüssigen Teig am Rand abschneiden. Geben Sie anschließend die Creme darauf.

Rollen Sie nun die zweite Teighälfte ebenso aus und bedecken Sie damit die Creme. Drücken Sie die Ränder der oberen Teigplatte am Rand der Form entlang so hinein, dass sie sich mit dem unteren Teigstück verbinden und die Creme ummanteln. Mit einer Gabel viele kleine Löcher in die Oberfläche piksen. Die Oberfläche zum Schluss mit Pinienkernen bedecken.

Die Torta im heißen Ofen (Mitte) 45 Minuten backen, bis sie leicht bräunt. Anschließend vollständig auskühlen lassen. Zum Servieren großzügig mit Puderzucker bestreuen.

BUSTRENGO

Für 1 Form (30 x 22 cm)

100 g Maismehl

200 g Weizenmehl (Type 405)

100 g Semmelbrösel

150 g Rohrohrzucker
(alternativ Honig)

3 Eier (Größe M)

100 ml Olivenöl extra vergine

1 TL Salz

500 ml Milch

500 g Äpfel

100 g Rosinen

abgeriebene Schale
von je 1 Bio-Zitrone und -Orange

1 TL gemahlener Zimt

Außerdem

Butter für die Form

Der ***Bustrengo*** *ist ein klassisches Dessert aus der Romagna und wird hauptsächlich in den Wintermonaten zubereitet, wobei jede Familie ihre Backgeheimnisse mit Sorgfalt hütet. Dieser köstliche Brotauflauf schmeckt am besten mit einem Klecks Zabaione oder Crème fraîche darauf und einem Glas Vin Santo dazu!*

ZUBEREITUNG:

Vermengen Sie zunächst die trockenen Zutaten mit den Eiern, dem Olivenöl und dem Salz. Anschließend die Milch mithilfe des Handrührgeräts unterrühren. Die Äpfel schälen und kleinwürfeln. Geben Sie diese zusammen mit den Rosinen und der geriebenen Schale beider Zitrusfrüchte zum Teig und mischen Sie alles nochmals gut durch.

Heizen Sie den Backofen auf 170 °C (Ober-/Unterhitze) vor und fetten Sie die Auflaufform mit Butter ein.

Verteilen Sie den Teig nun gleichmäßig in der Form und backen Sie den Bustrengo im heißen Ofen (Mitte) 40–50 Minutene lang. Um ihn auf der Oberfläche noch etwas zu bräunen, stellen Sie den Backofen für weitere 7 Minuten auf 180 °C (Umluft). Führen Sie zum Schluss die Stäbchenprobe durch. Anschließend herausnehmen und abkühlen lassen. Schneiden Sie den Bustrengo zum Servieren in Vierecke.

CIAMBELLONE

Für 1 Springform mit Locheinsatz (Ø 23 cm)

4 Eier (Größe M)

160 g Zucker

150 g weiche Butter

100 ml Milch

300 g Weizenmehl (Type 405)

1 Pck. Backpulver

abgeriebene Schale von ½ Bio-Zitrone

Außerdem

Butter für die Form

Puderzucker zum Verzieren

TIPP:

Sie können ein Drittel des Teigs mit 1–2 EL Backkakaopulver einfärben und im Anschluss auf den hellen Teig in die Ringform geben: So entsteht ein schönes schwarz-weißes Muster.

Luftig und reichhaltig, geschmacksvoll und farbenfroh, wird der ***Ciambellone*** *auch „Dolce delle Folle" (Kuchen des Volks) genannt und hat wie viele klassische Kuchen ländliche Wurzeln: Traditionell wurde er am Tag des Weizendreschens nach getaner Arbeit als siebter Gang eines üppigen Festmahls verzehrt. Jede Gegend und jede Familie hat hier natürlich ihr eigenes Rezept für den saftigsten Ciambellone.*

ZUBEREITUNG:

Fetten Sie die Springform gründlich mit Butter ein und heizen Sie den Backofen auf 180 °C (Umluft) vor.

Eier und Zucker in eine Schüssel geben und mit dem Handrührgerät schaumig schlagen. Butter in Flocken hineingeben und weiter schlagen, bis von der Butter nur noch kleine Stücken vorhanden sind. Milch hinzugeben und weiter schlagen. Die Butter bildet nun noch immer kleine Stückchen, das macht aber nichts.

Das Mehl durch ein Sieb in die Masse geben, Backpulver hinzufügen und weiter schlagen, bis sich ein homogener Teig gebildet hat. Die Zitronenschale in den Teig geben. Gut vermengen.

Geben Sie den Teig in die Kuchenform und backen Sie den Ciambellone im heißen Ofen (Mitte) 40 Minuten lang. Wird der Kuchen zwischenzeitlich zu braun, können Sie ihn mit etwas Alufolie abdecken. Vor dem Herausnehmen die Stäbchenprobe machen: Bleibt kein Teig mehr kleben, ist der Kuchen fertig. Andernfalls die Backzeit noch einmal um ein paar Minuten verlängern.

Lassen Sie den Kuchen anschließend erst abkühlen, bevor Sie ihn aus der Form lösen. Zum Servieren nach Belieben mit Puderzucker bestreuen.

CROSTATA DI VISCIOLE

Für 1 Springform (Ø 21 cm)

Für den Teig

70 g Zucker

85 g Butter

1 Ei (Größe S)

1 Eigelb (Größe S)

175 g Weizenmehl (Type 405)

abgeriebene Schale von 1 Bio-Zitrone

Für die Füllung

40 g Zucker

250 g Ricotta

½ TL gemahlener Zimt

250 g Sauerkirschkonfitüre

Außerdem

Butter für die Form

Mehl für die Arbeitsfläche und die Form

Puderzucker zum Verzieren

Kein Besuch in Rom vergeht ohne eine Scheibe ***Crostata di Visciole****! Wem der Begriff „visciole“ (Weichseln) nicht geläufig ist: Es handelt es sich hierbei um eine Sorte Sauerkirschen, die in Mittelitalien wild gedeiht und dieser Crostata ihren Namen und unverwechselbaren Geschmack verleihen. Wer sie nicht bekommt, nimmt einfach eine gute Konfitüre aus Sauerkirschen.*

ZUBEREITUNG:

Für den Teig Zucker, Butter, Ei, Eigelb und Mehl in eine Schüssel geben und erst mit den Knethaken des Handrührgeräts, dann mit den Händen zu einem homogenen Teig verkneten. Den Teig zu einer Kugel formen, in Frischhaltefolie wickeln und 30 Minuten im kalt stellen.

Bereiten Sie in der Zwischenzeit die Füllung zu, indem Sie Zucker, Ricotta und Zimt vermischen. Den Backofen auf 160 °C (Ober-/Unterhitze) vorheizen. Die Springform einfetten und mit Mehl bestäuben. Überschüssiges Mehl über dem Spülbecken abklopfen.

Rollen Sie nun ca. ⅔ der Teigkugel auf einer Lage leicht bemehlten Backpapiers ca. 5 mm dick aus. Heben Sie den Teig in die Springform, schneiden Sie ihn an den Rändern auf eine gleichmäßige Höhe zu und stechen Sie mit einer Gabel vorsichtig ein paar Mal den Boden ein. Backen Den Teig nun 10 Minuten im Backofen vorbacken, anschließend herausnehmen und kurz abkühlen lassen.

Geben Sie nun die Creme in die Springform und gleichen Sie die Höhe mit einem Teigschaber an. Verteilen Sie dann die Konfitüre gleichmäßig auf der Ricotta-Creme.

Mit dem Teigrest können Sie gezackte Zierstreifen gestalten, die Sie in einem Rautenmuster auf dem Kuchen auslegen. Die Crostata im heißen Backofen (Mitte) in ca. 30 Minuten fertig backen. *Attenzione:* Sie sollten regelmäßig nach dem Kuchen schauen, damit seine Oberfläche nicht zu stark bräunt.

Die Crostata herausnehmen, abkühlen lassen und mindestens 8 Stunden im Kühlschrank kalt stellen, dann erst aus der Backform herausnehmen. Zum Servieren nach Belieben mit etwas Puderzucker bestäuben.

CASTAGNACCIO

Ein klassischer Kuchen aus der Toskana mit antiken Wurzeln. Der ***Castagnaccio*** *wird hauptsächlich im Herbst zubereitet, wenn die Edelkastanien Saison haben. Erst 1800 wurden dem Rezept Sultaninen und Pinienkerne zugegeben, als das Gericht überall in Mode kam. Ein herrlicher Kuchen, ideal für einen verregneten Herbsttag!*

Für 1 Springform (Ø 22 cm)

250 g Kastanienmehl

325 ml Wasser

50 g Pinienkerne

50 g gehackte Walnusskerne

40 g Rosinen

Salz

2 EL Zucker (nach Belieben)

Außerdem

Butter für die Form

Mehl für die Form

Pinienkerne, Walnüsse und Rosinen für die Dekoration

1 Zweig Rosmarin

1 EL Olivenöl

ZUBEREITUNG:

Das Kastanienmehl in eine Schüssel sieben. Das Wasser hineinlaufen lassen und mit einem Schneebesen gut vermengen, bis ein glatter Teig entstanden ist. Nun die Pinienkerne, die gehackten Walnüsse, Rosinen und 1 Prise Salz unterrühren. Wer es etwas süßer mag, der gibt noch 2 EL Zucker hinzu.

Heizen Sie den Backofen auf 180 °C (Ober-/Unterhitze) vor. Fetten Sie die Springform ein und bestäuben Sie sie mit Mehl, überschüssiges Mehl über dem Spülbecken abklopfen. Füllen Sie den Teig in die Springform und belegen Sie die Oberfläche mit Pinienkernen, Rosinen und Walnüssen. Den Rosmarin waschen, trocken schütteln, die Nadeln abzupfen und einige davon darauf streuen. Zum Schluss noch mit Olivenöl beträufeln.

Den Kuchen 30–40 Minuten lang im heißen Ofen (Mitte) backen und gegen Ende der Backzeit eine Stäbchenprobe durchführen – je nachdem, wie Sie Ihren Castagnaccio lieber mögen, können Sie ihn im Inneren noch leicht feucht lassen oder etwas knuspriger backen. Herausnehmen, kurz abkühlen lassen, dann in Rauten schneiden und noch lauwarm servieren.

TIPP:

Wer Kastanienmehl nicht kennt, für den ist der Geschmack des Castagnaccio beim ersten Mal wohlmöglich etwas ungewohnt. Dieser traditionelle Kuchen schmeckt am besten in Kombination mit Schinken, einem kräftigen Käse oder einem frischen groben Ricottakäse!

PAMPEPATO TERNANO

Für 10 Stück

150 g Sultaninen

150 ml Sambuca (nach Belieben, alternativ Rum oder 100–150 ml Milch)

100 g Pinienkerne

100 g ganze Mandeln

300 g Walnusskerne

100 g Haselnusskerne

abgeriebene Schale von ½ Bio-Orange oder -Zitrone

50 g Backkakaopulver

2 EL Rohrohrzucker

1 TL gemahlener Zimt

½ TL Muskatnuss

1–2 TL frisch gemahlener schwarzer Pfeffer

150 g Weizenmehl (Type 405)

250 g Zartbitterschokolade (min. 70 % Kakaogehalt)

150 g Honig

30 ml Espresso

TIPP:

Da Pampepati 3–4 Wochen haltbar sind, ergeben sie – in ein schönes Papier gewickelt – ein nettes Geschenk!

*Der **Pampepato** ist ein dunkler würzig-nussiger Kuchen aus Südumbrien. Er ist eine Spezialität der Stadt Terni und wird von jeder Familie – ähnlich wie Plätzchen – in der Vorweihnachtszeit zubereitet. In einigen Regionen ist es auch heute noch Brauch, das Pampepato zusammen mit einem Mistelzweig zu verschenken. Das Rezept stammt aus der Zeit, in der die Gewürze aus dem Orient den Weg nach Italien fanden. Hier wurde es dann mit lokalen Zutaten wie Pinienkernen und Walnüssen, aber auch gekochtem Mostwein (saba) und der Schale von Zitrusfrüchten bereichert.*

ZUBEREITUNG:

Zu Beginn legen Sie die Sultaninen in den Sambuca ein und lassen Sie sie mindestens 1–2 Stunden ziehen. Anschließend gut abtropfen!

Die Nüsse grob hacken. Zusammen mit den abgetropften Sultaninen, den Zitrusschalen, Backkakaopulver, Zucker, den Gewürze und Mehl in eine tiefe Schüssel geben und kräftig miteinander vermengen. Die Schokolade grob hacken und in einer kleinen beschichteten Pfanne bei geringer Hitze langsam schmelzen lassen. Den Honig hinzugeben und mit der Schokolade verschmelzen lassen. Anschließend die flüssige Schokoladen-Honig-Mischung sowie den Espresso zu den Nüssen geben. Alles gut miteinander vermengen, bis eine klebrige braune Masse entstanden ist.

Heizen Sie den Backofen auf 180 °C (Ober-/Unterhitze) vor und legen Sie ein Backblech mit Backpapier aus.

Befeuchten Sie Ihre Hände ordentlich mit kaltem Wasser – das hindert die Masse daran, an den Händen festzukleben – und formen Sie etwa handballengroße Kugeln daraus. Sobald die Masse zu sehr zu kleben beginnt, die Hände wieder mit kaltem Wasser befeuchten. Die Pampepati im heißen Ofen (Mitte) 20 Minuten backen. Danach vollständig abkühlen lassen und in etwa 1 cm dicke Scheiben schneiden.

TORTA CAPRESE

Für 1 Springform (Ø 21 cm)

125 g Zartbitterschokolade (70 % Kakaogehalt)

125 g Butter

125 g Zucker

125 g gemahlene Mandeln

3 Eier (Größe M)

abgeriebene Schale von 1 Bio-Orange

Außerdem

Butter für die Form

Mehl für die Form

Puderzucker zum Verzieren

*Die **Torta Caprese** ist eine berühmte Spezialität aus Neapel, benannt nach der Insel Capri. Der Legende nach wurde er für eine österreichische Prinzessin kreiert, die den König von Neapel heiratete. Sie liebte die heimische Sacher-Torte sehr, doch im Süden Italiens kannten die Konditoren kein vergleichbares Rezept. So entstand ein Schokoladenkuchen mit der für Neapel typischen Zutat: Mandeln.*

ZUBEREITUNG:

Die Springform einfetten und leicht mit Mehl bestäuben. Überschüssiges Mehl abklopfen. Den Ofen auf 160 °C (Umluft) vorheizen.

Die Schokolade grob hacken und über dem heißen Wasserbad oder in der Mikrowelle schmelzen lassen. Anschließend die Butter hinzufügen und mit einem Löffel verrühren, bis die Butter geschmolzen ist, und sich Schokolade und Butter miteinander vermengt haben. Dann den Zucker und die gemahlenen Mandeln hinzufügen. Alles miteinander verrühren und die Mischung abkühlen lassen.

Eigelb vom Eiweiß trennen. Eigelbe zu der Schokoladen-Mischung geben und mit einem Löffel vermischen. Orangenschale hinzugeben und unterrühren. Das Eiweiß in einer weiteren Schüssel steif schlagen und anschließend behutsam unter die Schokoladen-Mischung heben.

Den Teig in die vorbereitete Kuchenform geben, die Oberfläche dabei glattstreichen. Die Torta Caprese im heißen Ofen (Mitte) für ca. 40 Minuten backen und gegen Ende der Backzeit eine Stäbchenprobe durchführen – in diesem Fall darf das Stäbchen noch leicht feucht sein.

Die Torta Caprese aus dem Backofen nehmen, vollständig abkühlen lassen und erst dann aus der Form heben. Zum Servieren mit Puderzucker bestäuben.

PASTIERA DI PASTA

Für 1 Springform (Ø 26 cm)

600 g Capellini (alternativ Spaghettini Nr. 3)

500 ml Milch

6 Eier (Größe M)

380 g heller Rohrohrzucker

gemahlener Zimt

2 TL Millefiori-Aroma (alternativ Orangenblütenwasser oder Cointreau, s. S. 292)

abgeriebene Schale von 1 Bio-Zitrone

ausgekratztes Mark von 1 Bourbon-Vanilleschote

100 g Orangeat und Zitronat (nach Belieben)

Außerdem

60 g Rohrohrzucker

Puderzucker zum Bestäuben

1 Handvoll Himbeeren für die Dekoration

Die ***Pastiera di Pasta*** *ist eigentlich kein richtiger Kuchen, sondern eher ein süßer Pasta-Auflauf aus Spaghettini, die so dünn sind, dass sie den Beinamen „Capellini" (Härchen) oder „Capelli d'Angelo" (Engelshaar) tragen. Aromatisiert wird die Pastiera mit Vanille, Zimt sowie Orangenblütenessenz und ist knusprig und saftig zugleich.*

ZUBEREITUNG:

Die Pasta in ausreichend Wasser nach Packungsanleitung kochen und abtropfen lassen. Anschließend in eine Schale mit der Milch geben und dort komplett abkühlen lassen.

In einer separaten Schüssel die Eier mit dem Zucker, 1 Prise Zimt und allen weiteren Zutaten mit einem Handrührgerät 3 Minuten lang zu einer gleichmäßigen Creme verrühren.

Den Backofen auf 180 °C (Ober-/ Unterhitze) vorheizen, die Springform mit Backpapier auslegen, sodass es bis über den Rand der Form reicht. Anschließend lückenlos mit 30 g Zucker bestreuen. Die Creme zur Pasta geben, alles gut vermengen und in die Form geben. Die Oberfläche mit dem restlichen Zucker bestreuen.

Die Pastiera im heißen Ofen (Mitte) 1 Stunde lang backen, bis die Oberfläche bräunlich und knusprig wirkt und die Masse gestockt ist. Falls sie zu dunkel wird, zwischendurch mit etwas Alufolie abdecken. Anschließend herausnehmen und leicht abkühlen lassen.

Die Himbeeren waschen und trocken tupfen. Zum Servieren die Pastiera nach Belieben mit etwas Puderzucker bestreuen und mit den Himbeeren garnieren. Unbedingt noch warm genießen!

TORTA DI MELE

Für 1 Springform (Ø 26 cm)

3 Eier (Größe M)

150 g Zucker

50 ml Milch

60 g geschmolzene Butter

300 g Weizenmehl (Type 405)

1 Pck. Backpulver

3 große Äpfel

Außerdem

Butter für die Form

Mehl für die Form

Zucker

gehackte Haselnusskerne für die Dekoration (nach Belieben)

Auch in Italien gibt es unterschiedliche Varianten dieses überall beliebten Klassikers. Das Geheimnis dieses Rezepts liegt hier, neben dem Geschmack, in dem wunderschönen Rosenmuster, das sich durch die kreisförmige Anordnung der Apfelspalten ergibt.

ZUBEREITUNG:

Eier in einer Schüssel aufschlagen und mit dem Handrührgerät schaumig verrühren. Den Zucker hinzugeben und weiter verrühren, bis sich der Zucker aufgelöst hat. Die Milch hinzugeben und ebenfalls gut verrühren.

Butter in die Eimischung geben und unterrühren. Das Mehl nach und nach hinzufügen und gut mit der Eimischung vermengen. Das Backpulver unter den Teig rühren.

Backofen auf 170 °C (Umluft) vorheizen. Eine Springform hauchdünn mit Butter fetten und mit etwas Mehl flächendeckend bestäuben. Den Überschuss an Mehl über dem Spülbecken abklopfen.

Äpfel schälen, vierteln und vom Kerngehäuse befreien. 1 Apfel in kleine Würfel schneiden und diese unter den Teig heben. Den Teig in die vorbereitete Springform füllen und glattstreichen.

Die anderen beiden Äpfel in schmale Spalten schneiden. Die Spalten in Kreisform auf dem Kuchenteig verteilen, sodass sich ein Rosenmuster ergibt. Die Oberfläche mit 3 Prisen Zucker und den gehackten Haselnüssen bestreuen.

Die Torta di Mele im heißen Ofen (Mitte) ca. 45 Minuten backen. Falls sie zu dunkel wird, einfach mit etwas Alufolie abdecken. Zum Ende der Garzeit die Stäbchenprobe machen. Den Kuchen anschließend etwas auskühlen lassen und erst dann aus der Form lösen.

TORTA DI PERE E CIOCCOLATO

Für 1 Springform (Ø 26 cm)

Für die Birnen

5 mittelgroße, nicht zu reife Birnen

2 EL Zucker

100 ml Moscato (Dessertwein, alternativ Apfelsaft)

Für den Teig

3 Eier (Größe M)

230 g Zucker

120 g geschmolzene Butter

100 ml Milch

70 g Backkakaopulver

230 g Weizenmehl (Type 405)

1 Pck. Backpulver

Außerdem

Butter für die Form

Mehl für die Form

TIPP:

Im Winter können Sie dem Teig auch einen Hauch Zimt und Sternanis hinzufügen oder ihn zusätzlich mit 1 Handvoll gehackter Walnüsse bestreuen!

Diese unwiderstehliche Kombination stand schon für unzählige Süßspeisen Pate: Süße Birnen, die eine himmlische Liaison mit Schokolade eingehen. Für den besonderen Geschmack sorgt hier ein Schuss süßer Moscato.

ZUBEREITUNG:

Die Birnen schälen, vierteln und das Kerngehäuse entfernen. 1 Birne in Stücke (d. h. vier Viertel) schneiden und beiseite stellen. Die restlichen Birnen in schmale Spalten schneiden und in eine beschichtete Pfanne geben, sodass sie möglichst nebeneinander liegen. Mit Zucker bestreuen und den Dessertwein zu den Birnen in die Pfanne geben. Die Birnenspalten mit geschlossenem Deckel 5 Minuten bei mittlerer Hitze köcheln lassen. Dann den Deckel abnehmen und weitere 3–4 Minuten köcheln lassen. Dabei nach der Hälfte der Zeit einmal wenden. Anschließend vom Herd nehmen und beiseite stellen.

Die Eier in eine Schüssel geben und mit dem Handrührgerät oder einem Schneebesen vermengen. Zucker hinzugeben und verrühren. Butter, Milch und Kakao unterrühren, alles gut miteinander verrühren. Mehl portionsweise einrühren. Zum Schluss das Backpulver unterrühren und Birnenstücke unter den Teig heben.

Backofen auf 180 °C (Umluft) vorheizen. Die Springform einfetten, dann mit Mehl bestäuben, überschüssiges Mehl abklopfen. Den Teig in die Form füllen und glattstreichen. Die Birnenspalten dekorativ, z. B. fächerförmig, auf der Oberfläche verteilen. Den Kuchen im heißen Backofen (Mitte) für etwa 45–50 Minuten backen. Führen Sie zum Ende der Backzeit eine Stäbchenprobe durch: Das Stäbchen sollte nicht zu trocken bleiben, damit der Kuchen saftig wird, es sollte aber auch kein Teig daran hängen bleiben. Anschließend herausnehmen und abkühlen lassen.

CROSTATA DI RICOTTA

Für 1 Springform (Ø 21 cm)

Für den Teig

70 g Zucker

85 g Butter

1 Ei (Größe M)

1 Eigelb (Größe S)

175 g Weizenmehl (Type 405)

abgeriebene Schale von 1 Bio-Zitrone

Für die Füllung

40 g Zucker

250 g Ricotta

½ TL gemahlener Zimt

25 g Zartbitterschokolade (70 % Kakaogehalt)

Außerdem

Butter für die Form

Mehl für die Arbeitsfläche und die Form

Puderzucker zum Verzieren

*Die **Crostata di Ricotta** ist ein echter Klassiker der süditalienischen Küche. Ein guter Ricotta ist grobkörnig, riecht nach frischer Milch und Sahne und lässt sich innerhalb von Sekunden mit Zugabe von wenigen Zutaten zur unglaublichsten Creme der Welt verwandeln, vor allem in Kombination mit Zartbitterschokolade.*

ZUBEREITUNG:

Für den Teig Zucker, Butter, Ei, Eigelb und Mehl in eine Schüssel geben und zu einem homogenen Teig verkneten. Zu einer Kugel formen, in Frischhaltefolie wickeln und 30 Minuten im Kühlschrank kalt stellen.

Für die Füllung Zucker, Ricotta und Zimt vermischen. Die Schokolade mit einem Messer fein hacken und unter die Ricotta-Creme heben.

Den Backofen auf 160 °C (Ober-/Unterhitze) vorheizen. Die Springform einfetten und mit Mehl bestäuben. Überschüssiges Mehl über dem Spülbecken abklopfen.

Den Teig aus dem Kühlschrank nehmen. Rollen Sie nun ca. ⅔ der Teigkugel auf einer Lage leicht bemehlten Backpapiers ca. 5 mm dick aus. Den Teig in die Springform heben und an den Rändern auf eine gleichmäßige Höhe zuschneiden. Stechen Sie mit einer Gabel vorsichtig ein paar Mal den Boden ein. Teig 10 Minuten im Backofen vorbacken, anschließend herausnehmen und kurz abkühlen lassen.

Geben Sie nun die Ricotta-Creme auf den vorgebackenen Teig und gleichen Sie die Höhe mit einem Teigschaber an. Mit dem Teigrest können Sie gezackte Zierstreifen gestalten, die Sie in einem Rautenmuster auf dem Kuchen auslegen.

Die Crostata im heißen Backofen (Mitte) ca. 30 Minuten backen. Regelmäßig nach dem Kuchen schauen, seine Oberfläche sollte nicht zu stark bräunen.

Die Crostata herausnehmen, abkühlen lassen und mindestens 8 Stunden im Kühlschrank kalt stellen, dann erst aus der Backform herausnehmen. Zum Servieren nach Belieben mit etwas Puderzucker bestäuben.

CROSTATA DI PISTACCHI

Für 1 Tarteform (Ø 21 cm)

Für den Teig

50 g Zucker

50 g Butter

2 Eigelb (Größe M)

150 g Weizenmehl (Type 405)

abgeriebene Schale von ½ Bio-Zitrone

ausgekratztes Mark von ½ Bourbon-Vanilleschote

Für die Füllung

125 g geschälte, ungesalzene Pistazien

2 Eigelb (Größe M)

50 g Zucker

150 ml Milch

20 g Weizenmehl (Type 405)

Außerdem

Butter für die Form

Mehl für die Form

getrocknete essbare Rosenblüten für die Dekoration

TIPP:

Im Sommer kann die Crostata auch wunderbar mit griechischem Joghurt und frischen Beeren verziert werden!

Die Pistacchio di Bronte g.g.A., die an den Hängen des größten Vulkans Europas, dem Ätna, wächst, ist ein fester Bestandteil der sizilianischen Kultur und wird auch als „das grüne Gold Siziliens" bezeichnet. Jedes Jahr im September findet die „Sagra del Pistacchio" zu Ehren der sizilianischen Pistazie statt – ein Spektakel, das die Vielfalt dieser Köstlichkeit und den Ideenreichtum der Sizilianer eindrucksvoll beweist, denn hier wird sie in Form von süßen Cannoli und Biscotti über Cremes bis hin zu Pesto-Variationen, Likören und vielem mehr dargeboten. Auch die ***Crostata di Pistacchi*** *ist ein meisterhaftes Beispiel dafür.*

ZUBEREITUNG:

Für den Teig Zucker, Butter, Eigelbe, Mehl, Zitronenschale und Mark der Vanilleschote in eine Schüssel geben und mit den Händen kneten, bis ein glatter Teig entstanden ist. Auf einer leicht bemehlten Arbeitsfläche zu einer Kugel formen, in Frischhaltefolie wickeln und im Kühlschrank 30 Minuten kalt stellen. Die Tarteform einfetten und mit Mehl bestäuben. Überschüssiges Mehl über dem Spülbecken abklopfen.

Den Teig auf einer Lage leicht bemehlten Backpapiers ausrollen, anschließend in die Tarteform legen und überschüssigen Teig oben abtrennen. Den Teigboden mit einer Gabel mehrfach vorsichtig einstechen. Stellen Sie den Teig so erneut für 30 Minuten in den Kühlschrank.

In der Zwischenzeit bereiten wir die Pistazien-Creme zu: Hierfür hacken Sie die Pistazien im Multizerkleinerer fein. Die Eigelbe und den Zucker in eine Schüssel geben und mit dem Schneebesen aufschlagen, bis sich der Zucker vollständig aufgelöst hat und eine helle Creme entstanden ist. Die Milch zusammen mit den Pistazien und der Eigelbzabaione in einen Topf geben und bei mittlerer Hitze zum Köcheln bringen, dabei stets mit dem Schneebesen rühren und aufpassen, dass nichts am Boden anbrennt. Sobald die Masse köchelt, das Mehl nach und nach unter Rühren hinzugeben, *ma attenzione:* Die Masse fängt direkt an einzudicken. Den Topf anschließend vom Herd nehmen.

Den Backofen auf 180 °C (Ober-/Unterhitze) vorheizen. Den Kuchenboden aus dem Kühlschrank nehmen und im heißen Ofen (Mitte) nun ca. 15 Minuten durchbacken. Anschließend abkühlen lassen.

Die Pistazien-Creme auf dem abgekühlten Kuchenboden verteilen. Die Crostata im Kühlschrank 4 Stunden (oder über Nacht) fest werden lassen. Zum Servieren können Sie die Crostata nach Belieben mit halbierten oder klein gehackten Pistazien und essbaren Rosenblüten garnieren.

PARROZZO

Für 1 Gugelhupfform (Ø 22 cm)

Für den Teig

5 Eier (Größe M)

140 g Zucker

abgeriebene Schale von 1 Bio-Zitrone

Salz

70 g Butter

110 g Mandelmehl

100 g Weizenmehl (Type 405)

50 g Speisestärke

Für die Glasur

150 g Zartbitterschokolade (70 % Kakaogehalt)

Außerdem

Butter für die Form

Mehl für die Form

*Das **Parrozzo** gehört zu den beliebtesten Kuchen der Abbruzzen. Seine Zutaten und auch die Zubereitung sind sehr einfach, denn das grobe Brot („pane rozzo") ist von einem Landbrot inspiriert und wird traditionell in einer Zuccotto-Form gebacken, die ihm seine typische Kuppelform verleiht. Alternativ können Sie eine Gugelhupf- oder auch eine Kastenform verwenden.*

ZUBEREITUNG:

Heizen Sie den Backofen auf 170 °C (Ober-/Unterhitze) vor.

Die Eiweiße von den Eigelben trennen. Die Eigelbe in einer Schüssel mit 70 g Zucker mit einem Handrührgerät vermengen, bis die Masse eine dicke und weißliche Konsistenz hat. Dies dauert ungefähr 4–5 Minuten. Danach den Zitronenabrieb hinzufügen und untermengen.

In einer zweiten Schüssel das Eiweiß mit 1 Prise Salz steifschlagen. Nach und nach den verbleibenden Zucker unterrühren und das Eiweiß so lange steif schlagen, bis es „stehen bleibt". Die Butter in einem Topf oder in der Mikrowelle schmelzen und kurz abkühlen lassen.

Mandelmehl, Mehl und Speisestärke in eine Schüssel sieben. Die Hälfte der Mehlmischung zum Eigelb geben und unterrühren. Anschließend die Hälfte des Eiweißes zu der Eigelb-Mehl-Mischung geben und vorsichtig unterheben. Nun das restliche Mehl, danach das verbliebene Eiweiß und zum Schluss noch die geschmolzene Butter unterrühren, bis ein glatter Teig entstanden ist.

Eine Gugelhopfform mit Butter ausfetten und leicht mit Mehl bestäuben, überschüssiges Mehl abklopfen. Den Teig in die Form füllen und im heißen Ofen (Mitte) 40 bis 45 Minuten backen. Zum Ende der Backzeit eine Stäbchenprobe durchführen: Bleibt kein Teig mehr am Stäbchen haften, den Parrozzo aus dem Ofen nehmen und 5 Minuten in der Form ruhen lassen. Anschließend auf ein Gitter stürzen und abkühlen lassen.

Die Schokolade grob hacken und über dem Wasserbad oder in der Mikrowelle schmelzen lassen. Den Parrozzo mit der Schokolade übergießen und die Glasur ca. 1 Stunde lang erkalten lassen.

Pasticceria – SÜSSE KLEINIGKEITEN

SERVIZIO
GONDOLE
DANIELI

LA PASTICCIERIA ITALIANA

Der Begriff „Patisserie", wie wir ihn heutzutage kennen, und selbst die Idee der Süßspeise, haben keine jahrhundertelange Vorgeschichte. Dass Süßes als eigenständige Mahlzeit oder Abschluss eines Menüs gilt, ist ein Konzept, das sich erst in der jüngeren Geschichte etabliert hat.

Das ursprüngliche Verständnis von „Essen" beruhte zunächst auf dem Prinzip der Balance zwischen süß und sauer: Geschmortes Fleisch wurde mit Kompott serviert, Käse in Honig eingelegt, Saucen mit aufgekochtem Weinmost gesüßt und Brot mit Dürrobst, Nüssen und Beeren gebacken. Dieser Schmelztigel und das Gleichgewicht der Geschmäcker haben die Tafeln über Jahrhunderte dominiert, vom antiken Rom bis zur Renaissance. Die einzigen Spuren antiker Süßspeisen finden sich in der Verbindung von heiligen Ritualen und „außerordentlichen" Rezepturen für dieselben. Im Süden Italiens z. B. produziert man immer noch ein Dessert aus einem mit Honig glasierten und mit Nüssen verzierten, frittierten Teig (im apulischen Dialekt „carteddate" genannt), das vermeintlich aus dem Alten Ägypten stammt und somit vermutlich das älteste Rezept für eine Süßspeise weltweit ist. Es wurde in Malereien ägyptischer Grabmäler entdeckt und diente wohl dazu, dem Verstorbenen die Reise ins Jenseits zu „versüßen" – im wahrsten Sinne des Wortes.

Auch das Backen süßer Leckereien im antiken Rom besaß den Charakter des Besonderen und fand im engen Einklang mit offiziellen oder rituellen Momenten statt. Die altrömischen Konditoren, die genauso wie die Bäcker in echten Verbänden zusammenhielten, verfügten anders als heute nur über wenige Zutaten und wurden so zu echten Meistern darin, Feigen, Birnen, Honig und aufgekochten Weinmost gekonnt einzusetzen, um ihre Teige aus Mehl und Wasser gefälliger zu machen. Aus der Zeit von Cato stammen u. a. die Placenta, eine Torte, die unserem Millefoglie ähnelt, sowie eine Art Pudding aus Milch und Eiern, während Cicero über einen „tubus farinarius, dulcissimo, edulio ex lacte factus" (ein mit süßer Milch gefülltes Teigrohr) berichtet, das uns stark an das heutige Cannolo Siciliano denken lässt.

Ápropos Sizilien: Auch darf man nicht vergessen, wie bedeutsam der arabische Einfluss auf die Geschichte der italienischen und europäischen Konditorei gewesen ist. Der Besatzung der Mauren verdanken wir nicht nur die Verwendung von Gewürzen in der Küche, sondern auch die Erfindung eines süßen Schnees – Vorfahre der Granita und der Eiscreme – sowie die Verbreitung von Mandeln und Pistazien und die daraus resultierende Entwicklung von Marzipan. Infolgedessen entstanden mithilfe dieser neuen Zutaten raffinierte Zubereitungen, die als Basis für unzählige Süßspeisen des Mittelalters dienten – ein Zeitalter, in dem Genuss als Sünde angesehen war und in dem doch zeitgleich (oder vielleicht gerade deshalb) wahre Gaumenfreuden in vielen Klöstern enstanden. So erscheint es auch nicht verwunderlich, dass wir die Überlieferung vieler Rezepte den Geistlichen verdanken! Währenddessen brachten die Kreuzzüge Schätze nach Europa, die die Geschichte und den Kurs der europäischen Küche für immer verändern sollten.

»Zucker war lange Zeit ein rares und wertvolles Gut – exotisch und nahezu unerschwinglich für den Großteil der Bevölkerung.«

Die große Revolution, die als Wasserscheide zwischen jener alten Welt und den bunten Theken der heutigen Konditoreien diente, ist die Verbreitung des Zuckers. Obgleich der Rohrzucker in Europa bereits seit dem Spätmittelalter mit den Kreuzzügen bekannt und anschließend durch die Händler aus den Republiken Genua und Venedig verbreitet wurde, die mit Gewürzen handelten und ihn als „arabisches Salz" bezeichneten, wurde er damals vorwiegend als Medizin betrachtet: Ein rares und wertvolles Gut, eher für Apotheker als für Köche nützlich, exotisch und nahezu unerschwinglich für den Großteil der Bevölkerung.

An den Höfen der italienischen Renaissance hatte Zucker dagegen eine rein dekorative Aufgabe: Prächtige und beeindruckende Skulpturen, kandierte Früchte und kleine Meisterwerke aus modelliertem Marzipan fanden ihren Platz auf den opulenten Buffets – die Anzahl und Vielfalt der Zuckerspeisen spiegelte damals den Reichtum des Hauses wieder. Der hohe symbolische Wert, der dem „weißen Gold" zugetragen wurde, ermöglichte es, dass zum ersten Mal in der Geschichte die Figur des Konditors hervortrat, die einem Künstler gleichkam. Bis zu diesem Zeitpunkt existierten keine historischen Quellen, die die Techniken der Patisserie erläutern würden. Diese waren bis dato untrennbar mit denen der Kochkünste verbunden.

Die Gestalt des *pasticciere*, obgleich noch in seiner – so kann man sagen – prä-modernen Form, profilierte sich also gemeinsam mit den ersten Verarbeitungsmethoden des Zuckers.

Die Geburtsstunde der modernen Patisserie, wie wir sie heute kennen, wurde jedoch erst mit der Einführung von Zutaten aus der Neuen Welt wie Kakao, Kaffee, Zucker und Mais, eingeläutet. Diese Erzeugnisse benötigten ab dann jedoch noch einige Jahrhunderte, bis sie auch den europäischen Gaumen endgültig eroberten. Ihre Verwendung in der Küche hängt direkt mit den großen politischen Errungenschaften des vergangenen Jahrhunderts zusammen – man könnte also fast von einer parallelen Entwicklung von Süße und Freiheit, Genuss und Demokratie sprechen.

Bis Ende des 19. Jh. bestimmte die Möglichkeit des Einzelnen, sich Süßes leisten zu können, seinen gesellschaftlichen Status. So waren es vor allem die mittleren Schichten der italienischen Gesellschaft, die vom Lebensstil des europäischen Bürgertums (insbesondere aus Frankreich und England) fasziniert waren und aus den Pasticcini, den kleinen Gebäckstücken, die man in der Hand genießt, das Symbol dieses neu erworbenen Selbstbewusstseins machten. Die Figur des Konditors, nun weit entfernt von den prunkvollen Höfen des Adels, wurde zudem in jeder Hinsicht dem Berufsbild des Handwerks gerecht, das bis heute gilt. Die Basis der italienischen Patisserie ist dabei eindeutig in der französischen Schule zu finden, die die Techniken der Verarbeitung von Eiern, Butter und Zucker in Vollendung perfektioniert hat und so die Grundlage für unzählige italienische Köstlichkeiten wie Cremes, Biskuitteig, Pralinen, Bignè, Frittelle, Torte und Crostate bildet.

»Die moderne Konditorei ist Kunst.«

Nach zwei Weltkriegen und den Zeiten der Entbehrungen wurde die italienische Patisserie – neben der Vespa und dem Cinquecento – erneut zum Symbol, um Genuss und Wohlstand zu zelebrieren. Auch heute noch – besonders in der italienischen Provinz – sieht das gemeine Brauchtum vor, dem Gastgeber Pasticcini als Geschenk mitzubringen. So zeigt man sich erkenntlich für die freundliche Einladung und führt auf diese Weise, wenngleich unbewusst, das urtümliche Bündnis zwischen Süße und Heiligtum fort …

Inmitten von so viel Geschichtenreichtum, kanonisierten Traditionen und der Vielfalt an Produkten von außergewöhnlicher Qualität wurde auch dem Konditor endlich ein Spitzenwert bei der Aufwertung des italienischen Nationalerbes anerkannt. Als regelrechte Künstler erachtet, konkurrieren die Erben namhafter Konditorschulen als Meister der italienischen Szene untereinander in einer konstanten Erprobung des Neuen. So werden immer neue raffinierte Desserts entwickelt, oft mit wenig oder gar keinem Zucker, frei von Ei, Butter und anderen tierischen Produkten, aus Mehl- und Obstsorten, die sonst fast in ewige Vergessenheit geraten wären. Diese Distanz zur Vergangenheit sowie das Streben nach einer kreativen Anpassung an die Anforderungen des modernen Genießers, der – so scheint es – das Süße nicht mehr als Zeichen des Wohlstands, sondern als Feind eines gesunden Lebens sieht, fällt immer mehr ins Auge. Gleichzeitig lässt sich aber auch hier die Rückbesinnung auf das Ursprüngliche und Einfache erkennen, indem z. B. aus verwerteten Zutaten (wie u. a. Brot) etwas Einfaches, aber Köstliches kreiert wird. Die moderne italienische Patisserie ist somit zur Kunst avanciert: Auf internationaler Ebene wird Sie durch die Achtung für Ästhetik und Geschmack vereint, in dem Neues und Altes gleichermaßen ihren Platz finden.

SAV

MACAFAME

Für 1 Auflaufform (30 x 20 cm)

30 g Rosinen

Rum (nach Belieben, alternativ Apfelsaft)

500 ml Milch

300 g trockenes Weißbrot (vom Vortag)

2 Äpfel

2 Eier (Größe M)

2 EL Rohrzucker

1 TL gemahlener Zimt

1 EL Honig

2 EL Maismehl

Außerdem

Butter für die Form

Puderzucker zum Verzieren

Vanilleeis

*Das **Macafame** ist ein echter Allrounder! Der Name bedeutet wortwörtlich übersetzt „welch ein Hunger" und ja… sein Geschmack hält dieses Versprechen. Da kommt nämlich alles rein, was Sie an Backwaren so zuhause haben: altbackenes Brot, Reste von einem nicht mehr luftigen Hefezopf, Pandoro oder Kekse, dazu Äpfel, Sultaninen, etwas Rum – schon haben Sie ein tolles Dessert!*

ZUBEREITUNG:

Die Rosinen in einem Schälchen mit Rum bedecken und darin ziehen lassen. Die Milch vorsichtig erhitzen. Das Brot in 3 cm große Stücke schneiden, in eine Schüssel geben und mit der warmen Milch übergießen. Warten, bis das Brot die Milch recht gut aufgesogen hat. Das dauert etwa 30 Minuten. Das Brot ausdrücken und in eine größere Schüssel legen. Die Rosinen abgießen und etwas ausdrücken.

Äpfel waschen, vierteln, vom Kerngehäuse befreien und in 1 cm große Würfel schneiden. Eier, Zucker, Zimt, Honig, Apfelstücke und die ausgedrückten Rosinen zum Brot geben. Alles gut miteinander vermengen.

Den Backofen auf 160 °C (Umluft) vorheizen. Eine Auflaufform einfetten und zusätzlich mit Backpapier auslegen. Die Brotmasse hineingeben, glatt streichen und anschließend die Oberfläche gleichmäßig mit Maismehl bestäuben. Das Macafame im heißen Ofen (Mitte) etwa 40 Minuten backen oder bis die Oberfläche eine goldene Farbe angenommen hat. Zum Servieren mit Puderzucker bestäuben und am besten mit 1 Kugen Vanilleeis genießen!

BIGNÈ

Für ca. 30 Stück

Für die Bignè

100 ml Milch

60 g Butter

Salz

120 g Weizenmehl (Type 405)

1–2 Eier (Größe M)

Für die Glasur

150 g Zartbitterschokolade (70 % Kakaogehalt)

100 ml Milch

Außerdem

1 Spritzbeutel

Vanilleeis

TIPP:

Der Teig lässt sich leichter einfüllen, wenn man den Spritzbeutel in ein Glas stellt und die Ränder des Beutels über den des Glases stülpt. Wer keinen Spritzbeutel zur Hand hat, kann sich auch mit einem Gefrierbeutel behelfen. Einfach eine Ecke schräg unten abschneiden und los geht's.

Diese kleinen Häppchen aus Brandteig gehören zu den Lieblingsdesserts der Italiener. Für den besonderen Hingucker werden die Bignè pyramidal angeordnet und anschließend mit Schokoladencreme glaciert. Das Geheimnis dieser kleinen Köstlichkeiten ist das „Abbrennen" des Teiges. Das hört sich komplizierter an, als es eigentlich ist. Traditionell werden Sie mit Crema Chantilly gefüllt, hier stelle ich Ihnen eine leckere Variante mit Vanilleeis vor …

ZUBEREITUNG:

Den Backofen auf 200 °C (Ober-/Unterhitze) vorheizen. 100 ml Wasser, Milch und Butter in einen Topf geben. Erhitzen und warten, bis die Butter geschmolzen ist. Sobald die Flüssigkeit beginnt, Blasen zu schlagen, den Topf vom Herd nehmen. 1 Prise Salz und das Mehl auf einmal hinzugeben und mit einem Holzlöffel gut verrühren, bis sich alle Klümpchen aufgelöst haben und der Teig eine glatte Kugel geworden ist, die sich leicht vom Boden des Topfes lösen lässt. Den Topf wieder auf den Herd stellen und leicht erhitzen.

Jetzt erfolgt die Prozedur des „Abbrennens", die dem Brandteig auch seinen Namen gibt: Den Teigklumpen weiter mit einem Holzlöffel im Topf bewegen, dabei entsteht auf dem Boden des Topfes ein weißlicher Belag. Fortlaufend im Topf wenden, der Teig soll von allen Seiten abgebrannt sein. Das dauert insgesamt etwa 10 Minuten. Anschließend den Topf vom Herd nehmen und den Teig solange auskühlen lassen, bis er nur noch lauwarm ist.

Nun zunächst 1 Ei hineingeben und alles mit dem Handrührgerät verrühren. Wenn der Teig noch zu fest ist (er sollte zäh vom Löffel fallen), 1 weiteres Ei hineingeben und weiter verrühren. Ein Backblech mit Backpapier auslegen. Den Teig in einen Spritzbeutel geben. Spritzen Sie den Teig nun in kleinen Häufchen auf das Blech. Den Abstand dazwischen ausreichend groß lassen, da die Bignè beim Backen noch aufgehen. Nun im heißen Ofen (Mitte) 20 Minuten backen. *Attenzione:* Den Ofen währenddessen bitte nicht öffnen! Anschließend herausnehmen und auskühlen lassen.

In der Zwischenzeit bereiten wir die Glasur zu: Hierfür die Schokolade grob hacken und in einen Topf geben. Die Milch hinzufügen und langsam erhitzen. Die Schokolade unter Rühren schmelzen lassen, bis sie sich mit der Milch zu einer Sauce verbunden hat.

Zum Servieren die Bignè in der Mitte horizontal zu etwa zwei Drittel aufschneiden und je kleine Kugel Vanilleeis in die Öffnung setzen. Die gefüllten Bignè anschließend zu einer Pyramide auftürmen und mit der Schokoladensauce glasieren.

MARITOZZI

Für 10–12 Stück

Für den Vorteig

15 g frische Hefe

50 g warme Milch

30 g Zucker

30 g Weizenmehl (Type 405)

Für den Teig

1 Ei (Größe M)

100 g Zucker

abgeriebene Schale von ½ Bio-Zitrone

1 Pck. Vanillezucker

125 g Sonnenblumenöl

200 g lauwarme Milch

450 g Weizenmehl (Type 405)

Für die Füllung

200 g Sahne

1 Pck. Vanillezucker

Außerdem

Mehl für die Arbeitsfläche

Zucker und Wasser zum Verzieren

1 Spritzbeutel

*Der **Maritozzo** ist ein wahres Juwel der römischen Konditorkunst: Köstlicher Hefeteig, gefüllt mit einer nahezu unverschämten Menge Sahnecreme. In Rom finden Sie diese süßen Sünden in den unterschiedlichsten Variationen in den Pasticcerie. Sein heutiger Name entstammt der Tradition, dass ein Mann („marito" bedeutet Ehemann) seiner Herzensdame am ersten Freitag im März (ähnlich dem Valentinstag) dieses sündhaft leckere Gebäck als Geschenk überreicht, in dem nicht selten ein kleines Schmuckstück oder – wer weiß – sogar ein Verlobungsring versteckt war.*

ZUBEREITUNG:

Für den Vorteig Hefe in ein Schälchen bröseln. Milch hinzugeben und beides vermengen. Zucker dazugeben und einrühren. Mehl hinzufügen und gründlich verrühren, sodass aus allen Zutaten ein recht flüssiger, aber glatter Vorteig entsteht. Die Schüssel mit Folie abdecken, beiseitestellen und 30 Minuten gehen lassen.

Für den Teig Ei, Zucker, Zitronenschale, Vanillezucker, Öl sowie den Vorteig und die lauwarme Milch in eine große Schüssel geben und mit dem Schneebesen gründlich miteinander vermengen. Nun nach und nach das Mehl hinzufügen und dabei immer weiterrühren.

Die Arbeitsplatte mit Mehl bestäuben. Den Teig darauf geben und mit einer nach vorne rollenden Bewegung verkneten. Durch das Kneten verliert er seine anfängliche Klebrigkeit, nach 5–8 Minuten sollte er glatt und elastisch sein. Den Teig zu einer Kugel formen, in eine Schüssel geben und die Oberfläche kreuzweise einschlitzen. Die Schüssel mit Folie und einem Geschirrtuch abdecken und den Teig 2–3 Stunden an einem warmen Ort gehen lassen, bis er seine Größe verdoppelt hat.

Die Hände gründlich einölen und den Teig aus der Schüssel lösen. Auf der Arbeitsplatte nochmals kurz kneten und zu einem ovalen Leib formen. Hiervon nun handballengroße Stücke abtrennen und zu 20 cm langen Schlangen formen. Jede Schlange an ihren Enden festhalten und diese lose zweimal umeinander schlagen, sodass aus dem Teig eine Kordel entsteht. Mit dem restlichen Teig ebenso verfahren. Die Teigrohlinge auf ein mit Backpapier ausgelegtes Blech legen, mit eingeölter Folie abedecken und 30 Minuten ruhen lassen.

Den Backofen auf 180 °C (Ober-/Unterhitze) vorheizen. Die Maritozzi ca. 25 Minuten im heißen Ofen (Mitte) backen, bis sie goldbraun sind. Aus dem Ofen nehmen und mithilfe eines Haushaltspinsels erst mit Wasser bestreichen, dann direkt mit Zucker bestreuen.

Für die Füllung die Sahne mit einem Beutel Vanillezucker steifschlagen und in einen Spritzbeutel füllen. Die etwas abgekühlten Maritozzi schräg der Länge nach einschneiden, ohne sie vollständig in zwei Hälften zu trennen. Die Sahne nun dekorativ in die Öffnung spritzen.

CORNETTO

Für 12 Stück

200 g Weizenmehl (Type 405)

50 g Manitobamehl

125 g lauwarmes Wasser

5 g frische Hefe

25 g Sahne

30 g Zucker

1 TL Salz

150 g qualitativ hochwertige, kalte Butter

1 Eigelb (Größe M)

1 EL Milch

Außerdem

Mehl für die Arbeitsfläche

„Salve, per me caffè e cornetto!“ – Was gibt es Besseres als ein frisches gebackenes und noch warmes ***Cornetto*** *zum Frühstück? In den römischen Bars dürfen sie jedenfalls nicht fehlen! Ob pur oder gefüllt mit Konfitüre oder Haselnusscreme, ein Cornetto geht eigentlich immer – und dann dieser herrliche Duft!*

ZUBEREITUNG:

Die Mehle in die Schüssel einer Küchenmaschine geben. Wasser und Hefe in einer kleinen Schale vermengen, bis sich die Hefe grob aufgelöst hat. Das Hefewasser zu den Mehlen geben. Alles grob miteinander vermengen. Mithilfe der Küchenmaschine auf mittlerer Stufe zu kneten beginnen und so lange kneten, bis ein elastischer Teig entsteht.

Die Maschine kurz anhalten, Sahne, Zucker und Salz zugeben. Mit dem Kneten für weitere 8 Minuten fortfahren. *Attemzione:* Der Teig ist durch die Sahne anfangs recht glitschig. Das gibt sich aber durch das Kneten. Sollte das in der Maschine nicht gelingen, mit den Händen nachhelfen und kräftig kneten, bis die Flüssigkeit absorbiert und ein elastischer Teig entstanden ist. Den Teig in eine saubere Schüssel geben, mit Frischhaltefolie luftdicht verschließen und zusätzlich mit einem Geschirrtuch abdecken. Im ausgeschalteten, geschlossenen Backofen 2 Stunden gehen lassen.

Die Butter aus dem Kühlschrank nehmen. Die Arbeitsfläche mit Mehl bestäuben, den Teig darauf gleiten lassen und ebenfalls mit Mehl bestäuben. Mit einem Nudelholz zu einem 3 mm dicken und 25 x 40 cm langen Rechteck ausrollen.

Den Butterblock ebenalls auf die mit Mehl bestäubte Arbeitsfläche setzen, mit Mehl bestäuben und mit dem Nudelholz durch rollende Bewegungen flach drücken. Das ist anfangs ungewohnt und nicht ganz leicht, die Butter wird aber schnell weicher. Zwischendurch immer wieder mit Mehl bestäuben. Die Butter zu einem 15 x 20 cm großen Rechteck ausrollen und dieses mittig auf dem ausgerollten Teig platzieren. Den Teig über der Butter einschlagen. Auf einem Tablett oder einem Brett Frischhaltefolie auslegen, das Teigpaket daraufsetzen, einlagig in Folie einschlagen und 15 Minuten in den Kühlschrank stellen.

» *Weiter geht's auf der nächsten Seite.*

L. DECRON
CasaCosa
Casa Cosa
UFC

Die Arbeitsfläche erneut mit Mehl bestäuben. Das Teigpaket mit der Naht nach unten darauf legen, ebenfalls mit Mehl bestäuben und den Teig nun entlang der Nahtrichtung erneut ausrollen (5 mm dick, 25 x 40 cm). Den Teig in Dritteln einschlagen, wieder einlagig in Folie hüllen und für 30 Minuten in den Kühlschrank legen. Diesen Vorgang noch zwei Mal wiederholen. Dabei geht der Teig nochmals 30 Minuten und zuletzt 2 Stunden. *Attenzione:* Durch das Ausrollen kann es passieren, dass der Teig ggf. reißt und etwas Butter herauskommt, das ist in kleinen Mengen aber nicht schlimm.

Den Teig nach 2 Stunden aus dem Kühlschrank nehmen. Wieder zu einem dünnen Rechteck ausrollen. Anschließend mit einem Messer der Länge nach halbieren. Jede Hälfte durch eine Zickzackbewegung in 6 Dreiecke schneiden. Die Dreiecke jeweils am unteren Rand in der Mitte 2 cm einschlitzen und von dort in Richtung der Spitze aufrollen, den Bogen des Cornetto hineinbringen und mit den restlichen Dreiecken ebenso verfahren.

Ein Backblech mit Backpapier auslegen, die Rohlinge darauf setzen. Das Blech in den ausgeschalteten Backofen schieben und den Teig nochmals für 90 Minuten gehen lassen.

Ora s'inforna: Den Backofen auf 200 °C (Umluft) vorheizen. Eigelb und Milch in einem Schälchen vermengen. Die Oberfläche der Cornetti mithilfe eines Haushaltspinsels mit damit dünn einpinseln. Die Hörnchen im heißen Ofen (Mitte) für etwa 25 Minuten backen, bis sie fluffig aufgegangen sind und eine goldene Farbe angenommen haben. Die Ofentür in dieser Zeit nicht öffnen!

Anschließend herausnehmen und am besten noch warm genießen!

CREMA PASTICCERA

Für 0,25–0,3 *l*

250 ml kalte Milch

1 Vanilleschote

2 Eigelb (Größe M)

40 g Zucker

35 g Speisestärke

Außerdem

1 TL Butter
(nach Belieben)

*Die **Crema Pasticcera** oder auch Konditoren-Creme findet sich in einer Vielzahl italienischer Törtchen und Kuchen wieder, die man in den Auslagen der Pasticcerie bestaunt – so beispielsweise auch in den köstlichen Tartelette alla Frutta (s. S. 236).*

ZUBEREITUNG:

200 ml Milch in einen Topf gießen. Vanilleschote der Länge nach aufschlitzen und zur Milch geben. Zum Kochen bringen, Hitze reduzieren und die Milch unter gelegentlichem Rühren, damit sie nicht anbrennt, warmhalten.

Eigelbe und Zucker mit einem Schneebesen schaumig schlagen, bis sich der Zucker aufgelöst hat. Die Speisestärke zur Ei-Zucker-Mischung geben und zu einer glatten, cremigen Masse rühren. Die restliche Milch (sie sollte unbedingt kalt sein!) mit dem Schneebesen in die Masse rühren. Die Creme ist nun noch recht flüssig.

Die Vanilleschote aus der warmen Milch entfernen und die Ei-Zucker-Creme langsam in die warme Milch rinnen lassen. Die Masse auf dem Herd bei geringer Hitze etwa 7 Minuten mit dem Schneebesen beständig leicht schlagen. Die Creme wird dabei erst nach und nach sämig und immer fester.

Den Topf vom Herd nehmen und die Creme auskühlen lassen. Wenn Sie die Creme nicht direkt weiterverarbeiten, spießen Sie das Butterstückchen mit einer Gabel auf und betupfen Sie die Oberfläche der Creme mit Butter, um zu verhindern, dass sich eine Haut bildet.

TARTELETTE ALLA FRUTTA

Für 6 *Stück*

Für den Mürbeteig

125 g Weizenmehl (Type 405)

40 g Zucker

1 Ei (Größe S)

Salz

60 g kalte Butter

Für die Füllung

Crema Pasticcera (s. S. 234)

frische Beeren nach Wahl, z. B. Blaubeeren, Erdbeeren, Himbeeren

Außerdem

Mehl für die Arbeitsfläche

6 beschichtete Tarteletteförmchen (Ø 10 cm)

Butter für die Förmchen

getrocknete Kichererbsen zum Blindbacken

Puderzucker zum Verzieren (nach Belieben)

Allgegenwärtig in ganz Italien, ob in der Bar oder in der Theke eines Konditors – überall werden Sie auf diese kleinen verführerischen Obsttörtchen stoßen. Dabei ist eines köstlicher als das andere, und die Entscheidung zwischen Heidelbeer, Himbeer oder Erdbeer fällt oft schwer – wieso also nicht gleich eine bunte Mischung nehmen?

ZUBEREITUNG:

Für den Mürbeteig Mehl in eine Schüssel geben. Zucker, Ei und 1 Prise Salz hinzufügen und alles mit den Knethaken des Handrührgerätes miteinander vermengen. Die Butter in groben Flocken in den Teig geben und mit den Knethaken des Handrührgerätes einarbeiten. Die Masse anschließend mit den Händen zügig zu einem glatten Teig verkneten, zu einer Kugel formen, mit Frischhaltefolie bedecken und 30–60 Minuten im Kühlschrank kalt stellen.

In der Zwischenzeit können Sie die Crema Pasticcera (s. S. 234) zubereiten.

Den Backofen auf 180 °C (Umluft) vorheizen.

Den Mürbeteig aus dem Kühlschrank nehmen, auf der bemehlten Arbeitsfläche dünn ausrollen und Kreise mithilfe der Förmchen ausstechen. Die Förmchen fetten und mit je 1 Teigkreis auslegen. Den Teig jeweils mit ein wenig Backpapier belegen, trockene Kichererbsen darauf geben und die Rohlinge im heißen Ofen (Mitte) 15 Minuten blind backen. In der Zwischenzeit die Früchte waschen und abtrocknen, Erdbeeren ggf. in Scheiben schneiden.

Die Mürbeteigböden nun mit je 2 gehäuften EL Konditorencreme füllen. Die Creme anschließend nach Belieben mit den Früchten belegen und mit Puderzucker garnieren.

ZUPPA INGLESE

Für 6 Portionen

400 ml Milch

100 g Sahne

1 Vanilleschote

4 Eigelb (Größe M)

140 g Zucker

45 g Maisstärke

2 EL Backkakaopulver

15–20 Savoiardi (s. S. 130, alternativ 1 Packung Löffelbiskuit)

9 EL Alchermeslikör (alternativ Amarettolikör oder Bittermandelaroma)

*Die **Zuppa Inglese** gibt es bereits seit der Antike. Besonders in Mittelitalien wurde sie lange als Alternative zum Tiramisù serviert. Natürlich gibt es mittlerweile unzählige Variationen dieses italienischen Desserts. Besonders schön sieht es aus, wenn Sie die Zutaten in einem Dessertglas aufschichten.*

ZUBEREITUNG:

Milch und Sahne in einen Topf geben. Vanillestange aufschlitzen, Mark herauskratzen und beides in die Milch geben. Vorsichtig erhitzen, aber nicht zum Kochen bringen.

Die Eigelbe mit dem Schneebesen verquirlen. Zucker hinzugeben und alles kräftig vermengen. Dabei bitte nicht schaumig schlagen, sondern nur cremig. Maisstärke hinzugeben und alles gründlich einrühren.

Vanillestange aus der Milch nehmen. 100 ml der Milch-Sahne-Mischung zum Eigelb geben und dabei mit dem Schneebesen schnell verrühren. Topf zurück auf den Herd stellen und die Eigelb-Mischung hineinlaufen lassen. Nun die Hitze leicht erhöhen und die Mischung mit dem Schneebesen verrühren. *Attenzione:* Die Flüssigkeit sollte nicht aufkochen und auch nicht zu sehr schäumen! Immer weiter rühren. Nach einiger Zeit beginnt sie, fest und puddingartig zu werden. Das dauert etwa 3–5 Minuten.

Sobald sie fest ist, die Hälfte der Masse in eine Schüssel geben und mit dem Backkakaopulver gut vermengen, sodass eine schokoladige Creme entsteht. Beide Cremes abdecken und im Kühlschrank 30 Minuten kalt stellen.

2 Stangen Savoiardi grob zerbrechen und auf den Boden eines Dessertschälchens legen. Die Savoiardi mit ½ EL Likör beträufeln und 1–2 EL Schokoladencreme darauf geben. Wieder 2 Savoiardi zerbrechen, auf die Schokoladencreme legen, mit etwa ½ EL Likör beträufeln und mit der Vanillecreme bedecken. Mit der restlichen Menge analog verfahren. Beim Anrichten können Sie einfach auf Ihre eigene Vorliebe achten und die Mengenverhältnisse entsprechend anpassen.Wichtig ist nur, dass die letzte Lage Savoiardi mit der Creme bedeckt und dann mit reichlich Kakao bestäubt wird.

Sie können die Zuppa Inglese nun sofort servieren oder für 2–6 Stunden im Kühlschrank ziehen lassen, damit die Savoiardi die Cremes schön aufnehmen.

CIAMBELLE FRITTE

Für 12 Stück

Für die Ciambelle
130 g Weizenmehl (Type 405)
130 g Manitobamehl
35 g Zucker
1 Ei (Größe S)
1 TL gemahlene Vanille
90 ml lauwarme Milch
4 g Trockenhefe
35 g weiche Butter
1 TL Salz

Außerdem
Mehl für die Arbeitsfläche
3 Pck. Vanillezucker
2 TL gemahlener Zimt
Öl zum Frittieren

Kaum ein Gericht drückt den Geschmack der Region Molise besser aus als die ***Ciambelle Fritte****. Diese köstlichen Küchlein werden hier ganzjährig angeboten, ob in den Restaurants, Cafés oder natürlich auf den lokalen Straßenfesten. Sie kommen also kaum an ihnen vorbei! Auch mich locken Sie jedes Mal aufs Neue, denn Sie verströmen diesen herrlichen Duft nach frisch gebackenem Hefeteig, der von einem Hauch Zimt begleitet wird.*

ZUBEREITUNG:

Mehle, Zucker, Ei und Vanille in einer Schüssel vermengen. Milch in einer Schale mit der Trockenhefe vermengen, bis sich die Hefe aufgelöst hat, dann zum Mehl geben. Alles in der Küchenmaschine oder mit den Knethaken des Handrührgeräts vorkneten. Butter und Salz hinzufügen und weiterkneten. Geben Sie den Teig anschließend auf die bemehlte Arbeitsfläche und kneten Sie ihn noch 5 Minuten mit den Händen weiter, bis der Teig elastisch ist. Sollte er noch etwas zu klebrig sein, einfach etwas Mehl hinzugeben. Zu einer Kugel formen, zurück in die Schüssel legen und diese mit einem Geschirrtuch abdecken. Den Teig 30 Minuten an einem warmen Ort (z. B. im geschlossenen, ausgeschalteten Ofen) gehen lassen.

Den Teig etwa 5 mm dick ausrollen, anschließend 6–7 cm große Kreise ausstechen. Das geht entweder mit einer Form oder man setzt ein Glas auf den Teig und schneidet mit einem Messer drumherum. Die Kreise auf einem großen mit Backpapier ausgelegten Brett oder Blech beiseitelegen. Mit einem Geschirrtuch abdecken und nochmals 30 Minuten gehen lassen.

In der Zwischenzeit Vanillezucker und Zimt in einem Schälchen vermengen.

Das Öl in einem großen Topf erhitzen. In der Mitte der Teigrohlinge ein Loch bilden (das geht ganz leicht, indem man den Teig mit den Fingern in der Mitte ein wenig aufreißt.) Sobald das Öl heiß ist, so viele Teigrohlinge in das Öl geben, dass die Oberfläche bedeckt ist, sie aber nicht übereinander liegen. Notfalls nacheinander frittieren. *Attenzione:* Auf keinen Fall Wasser in das heiße Öl tropfen lassen!

Die Ciambelle etwa 1 Minute von jeder Seite frittieren. Sobald sie eine goldene Farbe haben, mit einer Küchenzange aus dem Öl nehmen. Sie sollten weder zu hell noch zu dunkel werden, daher am besten gut beobachten! Kurz abtropfen lassen und sofort im Zucker-Zimt-Gemisch wenden. Am besten noch warm genießen. *Che bontà!*

BOCCONOTTI

Für 6 *Stück*

Für den Teig

250 g Weizenmehl (Type 405)

100 g Zucker

1 Ei (Größe M)

1 Eigelb (Größe M)

100 g Butter

½ EL Backpulver

1 TL gemahlene Vanille

Für die Füllung

50 g Zartbitterschokolade (70 % Kakaogehalt)

25 g Backkakaopulver

50 g geschälte ganze Mandeln

50 g Zucker

1 EL Rum (nach Belieben)

1 TL gemahlener Zimt

1 Ei (Größe M)

Außerdem

Mehl für die Arbeitsfläche

6er-Muffinform

Butter für die Form

Puderzucker zum Verzieren

Dieses Gebäck stammt aus der Region Abruzzen aus einer Zeit, als sich langsam Kaffee und Schokolade den Weg durch Italien bahnten. Es war dereinst eine Haushälterin, die ihrem Hofherren eine Freude machen wollte, indem sie seine Lieblingszutat, flüssige Schokolade, in einem kaffeetassenförmigen Mürbteig verpackte. Er war sofort verzaubert und erkundigte sich nach dem Namen ihrer Kreation. Sie, auf diese Frage nicht vorbereitet, antwortete ohne lang zu überlegen: „Bocconotto" (kleiner Happen).

ZUBEREITUNG:

Alle Zutaten für den Teig in eine Schüssel geben und zu einem glatten Teig verkneten. Den Teig mit Folie abdecken und 30 Minuten im Kühlschrank ruhen lassen.

Für die Füllung Schokolade grob hacken und mit Kakao, Mandeln, Zucker, Rum und Zimt in einen Multizerkleinerer geben und zu einer glatten Masse verarbeiten. Zum Schluss das Ei hinzugeben und alles gut vermengen.

Den Ofen auf 180 °C (Umluft) vorheizen. Den Teig auf der leicht bemehlten Arbeitsfläche mit einem Nudelholz 3 mm dick ausrollen. Eine Muffinform fetten und jede Vertiefung mit Teig auskleiden, dabei sollte so viel Teig übrig bleiben, dass sich hieraus Deckel für jede Öffnung formen lassen. Den restlichen Teig nochmals glatt ausrollen und mit einem Glas oder Ringausstecher Kreise in der Größe der Muffinvertiefungen ausstechen.

Die Füllung in die Vertiefungen auf den Teig geben, mit den Teigdeckeln abdecken und gut andrücken. Die Bocconotti im heißen Ofen (Mitte) 20 Minuten goldbraun backen. Aus dem Ofen nehmen, ein wenig abkühlen lassen und aus der Form nehmen. Mit Puderzucker garnieren und zum Kaffee oder Tee servieren.

INCARTELLATE

Für ca. 25 Stück

Für die Incartellate

30 g Olivenöl

120 ml Weißwein

Salz

300 g Weizenmehl (Type 405)

250 g Honig

Außerdem

Öl zum Frittieren

Puderzucker zum Verzieren

Bei den ***Incartellate*** *(„die Umhüllten") handelt es sich um ein typisches Gebäck aus Apulien, das insbesondere in der Weihnachtszeit zubereitet wird. Die dünn gewickelten, gezackten Teigstreifen stehen symbolisch für den Heiligenschein des Christkindes.*

ZUBEREITUNG:

Olivenöl und Weißwein in einem Topf vorsichtig erhitzen, bis Dampf aufsteigt. 1 Prise Salz hinzugeben, verrühren und in eine große Schüssel umfüllen. Mehl hinzugeben, alles miteinander vermengen und anschließend kräftig zu einem glatten Teig kneten. Falls der Teig zu trocken ist, einfach löffelweise noch ein wenig Weißwein hinzugeben. Der Teig sollte am Ende sehr schön elastisch sein. Mit Folie und einem Geschirrtuch abdecken und 30 Minuten bei Zimmertemperatur ruhen lassen.

Den Teig durch eine Nudelmaschine zu etwa 2 mm dicken und etwa 30 cm langen Bahnen pressen. Alternativ gelingt das auch mit einem Nudelholz. Diese mithilfe eines Teigrädchens der Länge nach in 4 cm breite Streifen schneiden. Jeden Streifen alle 4 cm zusammendrücken. Die sich dadurch ergebenden Lücken etwas ineinanderschieben und den ganzen Streifen anschließend aufrollen, sodass sich kleine rosenartige Rohlinge ergeben. Beim Aufrollen den Teig immer wieder zusammendrücken, damit sich die Rosen beim Frittieren später nicht öffnen. Auf ein mit Backpapier ausgelegtes Backblech legen und über Nacht ruhen lassen.

In einem großen Topf so viel Öl erhitzen, dass sich die Incartellate bequem frittieren lassen. Sobald das Öl heiß ist, so viele Incartellate hineingeben, dass sie sich nicht überlappen. Von beiden Seite golden frittieren. Das dauert auf jeder Seite etwa 2–3 Minuten. Mit einer Schaumkelle oder einer Küchenzange aus dem Öl nehmen und auf Küchenpapier abtropfen lassen.

In einem kleinen Topf oder einer kleinen beschichteten Pfanne den Honig vorsichtig erhitzen. Sobald er flüssig ist, die Incartellate nacheinander im Honig wenden und auf einen Servierteller legen. Zum Schluss großzügig mit Puderzucker bestreuen und noch heiß genießen.

LUCANE FRITTE AL LIMONE

Für ca. 40 Stück

Für die Lucane
500 g Weizenmehl (Type 405)
1 Pck. Trockenhefe
2 TL Zucker
2 Eier (Größe M)
40 g Sonnenblumenöl
200 ml lauwarme Milch

Für die Zuckerfüllung
250 g Zucker
abgeriebene Schale von je 1 Bio-Zitrone und -Orange

Außerdem
Öl zum Frittieren

Diese süße Verführung ist ein typisches Gebäck der Region Basilicata. Die kleinen frittierten Kringel werden typischerweise während des Karnevals zubereitet, aber tatsächlich kann man sie das ganze Jahr genießen. Allein schon wegen des angenehm süßen Zitrusduftes, der beim Backen aus der Küche strömt – einfach himmlisch!

ZUBEREITUNG:

Mehl, Hefe und Zucker in eine große Schüssel geben und gründlich vermengen. In einer zweiten Schüssel Eier, Sonnenblumenöl und Milch verrühren. Die Mehlmischung nach und nach zu der Eimischung geben und immer wieder verrühren, bis die Mehlmischung aufgebraucht ist.

Die Masse nun gründlich zu einem glatten Teig vermengen. Diesen zum Schluss auf der Arbeitsplatte mit den Händen weiterkneten, bis der Teig elastisch und homogen ist. Anschließend zu einer Kugel formen und in der Schüssel, mit einem Geschirrtuch abgedeckt, bei Zimmertemperatur 30 Minuten ruhen lassen.

Für die Füllung Zucker in eine Schüssel geben. Zitronen- und Orangenschale dazu geben und alles gut miteinander vermengen.

Den Teig in zwei Hälften teilen. Die erste Hälfte auf der Arbeitsplatte mit einem Nudelholz 5 mm dick zu einem etwa 30 x 20 cm großen Rechteck ausrollen. Den Teigteppich mit der Hälfte der Zucker-Zitrusschalen-Mischung gleichmäßig bestreuen, dabei einen kleinen Rand lassen. Den Rand mit ein wenig Wasser ringsherum befeuchten. Teig mit der langen Seite entlang der kurzen Seite einrollen. Mit der zweiten Teighälfte ebenso verfahren.

Die Rollen nun in 2 cm dicke Scheiben schneiden und auf einem Stück Backpapier auslegen, ggf. die Enden der Rollen etwas festdrücken, damit sie nicht auseinanderfallen.

Das Öl in einem großen Topf erhitzen. So viele Schnecken in das heiße Fett geben, dass sie sich nicht überlappen und 1–2 Minuten auf jeder Seite frittieren, bis sie goldbraun sind. Nun mit einer Schaumkelle aus dem Fett heben und auf ein Stück Backpapier zum Abtropfen geben. Am besten noch warm genießen! *Che bontà!*

PANZEROTTI LUCANI

Für 25 *Stück*

Für die Füllung

200 g gekochte Maronen (vakuumverpackt)

10 g Zartbitterschokolade (70 % Kakaogehalt)

60 g Zucker

10 g Backkakaopulver

25 g gemahlene Mandeln

4 EL Amaretto (alternativ Honig)

2 TL gemahlener Zimt

Für den Teig

250 g Weizenmehl (Type 405)

40 ml Wasser

50 ml Weißwein (alternativ Wasser)

30 g Olivenöl

Außerdem

Mehl für die Arbeitsfläche

Öl zum Frittieren

Puderzucker zum Verzieren

*Die **Panzerotti Lucani**, auch „chinulidd" genannt, sind eine typische Spezialität der Region Basilicata, die vor allem in der kalten Jahreszeit gebacken werden. Die Füllung besteht aus geschmackvollen Zutaten wie Maronen, Schokolade und Zimt – köstlich, nahrhaft und perfekt, um Herz und Seele in den kalten Wintertagen zu verwöhnen.*

ZUBEREITUNG:

Maronen in einer Schüssel fein zerbröseln und mit einer Gabel zerdrücken. Die Schokolade fein hacken. Mit allen anderen Zutaten für die Füllung vermengen. Anschließend mit den Händen zügig zu einer kompakten Masse verkneten und beiseitestellen.

Für den Teig in einer zweiten Schüssel alle Zutaten miteinander vermengen und mit den Händen zu einem homogenen Teig verkneten. Teig halbieren und eine Hälfte mit Frischhaltefolie einwickeln, damit er nicht austrocknet. Die andere Hälfte entweder mit einer Nudelmaschine zu einer sehr dünnen Teigbahn ausrollen oder mit einem Nudelholz so fein wie möglich auf der leicht bemehlten Arbeitsfläche ausrollen. Die Teigbahn nun quer halbieren.

Nun von der Füllung haselnussgroße Portionen abnehmen und diese zu kleinen Kugeln rollen. Die Kugeln im Abstand von 2 cm auf einer Hälfte des ausgerollten Teiges platzieren. Die zweite Hälfte locker darüber legen und den Teig um die Füllung herum fest zusammendrücken. Nun mit einem eckigem Ausstecher die Panzerotti lösen, den Rand noch einmal ringsherum zusammendrücken und die Rohlinge beiseitelegen. Dieses Vorgehen so lange wiederholen, bis Teig und Füllung vollständig verarbeitet sind.

Soviel Öl in einem großen Topf erhitzen, dass die Panzerotti bequem darin frittiert werden können. Sobald das Öl heiß ist, so viele Panzerotti hineingeben, dass sie sich nicht überlappen. Von beiden Seiten etwa 5 Minuten golden frittieren, dabei mit einer Schaumkelle ab und zu wenden. Panzerotti mit der Schaumkelle herausnehmen und kurz auf Küchenpapier abtropfen lassen. Anschließend mit Puderzucker bestäuben und am besten noch warm genießen!

BABÀ

Für 10–12 Stück

Für die Babàs
60 g Rosinen
200 ml Rum (nach Belieben)
15 g frische Hefe
250 g Weizenmehl (Type 405)
100 g Butter
3 Eier (Größe M)
130 g Zucker
Salz

Für die Füllung
200 g Sahne
1 Pck. Vanillezucker

Außerdem
6er-Muffinform (s. Tipp)
Butter für die Form

TIPP:

Traditionell werden Babàs in dafür passenden Förmchen gebacken, die ihnen ihre typische Form verleihen. Eine Muffinform eignet sich aber genauso gut!

*Die beliebten **Babà al Rum** bestehen aus einem gugelhupfähnlichen Teig, der großzügig in Rum getränkt wird. Pur, mit Sahne und Erdbeeren oder auch mit Crema Pasticcera – sie sind einfach köstlich. In Neapel sind sie sogar ein liebevolles Kompliment: „Si comme a 'nu babbà" bedeutet in etwa: „Du bist so (süß) wie ein Babà!"*

ZUBEREITUNG:

Die Rosinen in Rum einlegen und 2 Stunden einweichen lassen.

Hefe, 80 g des Mehls und 80 ml lauwarmes Wasser in eine Schüssel geben. *Attenzione:* Das Wasser darf nicht zu heiß sein, da sonst die Hefebakterien absterben! Mit einem Holzlöffel alles gut vermengen, bis ein glatter und etwas zäher Teig entstanden ist. Mit einem Tuch abdecken und 30 Minuten gehen lassen. Butter zerlassen und etwas abkühlen lassen, bis sie nur noch lauwarm ist.

Die Rosinen aus dem Rum nehmen (den Rum für später aufheben!). Rosinen, das restliche Mehl, die Eier, 30 g Zucker, ½ TL Salz sowie die zerlassene Butter zum Teig geben. Alles mit einem Holzlöffel etwa 5 Minuten lang gut miteinander vermengen. Der Teig wird dabei deutlich flüssiger. Mit einem Tuch abdecken und für weitere 60 Minuten gehen lassen.

Den Backofen auf 180 °C (Umluft) vorheizen. Die Vertiefungen der Muffinform einfetten und befüllen, jedoch jeweils nur zur Hälfte, da der Teig beim Backen weiter an Volumen gewinnt. Die Babàs im heißen Ofen (Mitte) 30 Minuten lang backen.

Den übrigen Zucker mit 4 EL Wasser in einem Topf verrühren, erhitzen und köcheln lassen, bis sich der Zucker aufgelöst hat. Den Rum hinzufügen und weitere 5 Minuten köcheln lassen. Sobald die Babàs fertig sind, aus dem Backofen nehmen und aus den Förmchen stürzen. Dann nacheinander in den Topf mit der Rum-Zucker-Mischung tauchen und wenden, damit sie von allen Seiten mit dem Sirup bedeckt sind und diesen ein wenig aufsaugen.

Zum Schluss Sahne mit Vanillezucker steif schlagen und zu den noch warmen Babas reichen.

CASSATELLE DI RICOTTA

Für 20 *Stück*

Für den Teigmantel

300 g Weizenmehl (Type 405)

2 Eier (Größe M)

30 g Zucker

Salz

30 g Butter

abgeriebene Schale von 1 Bio-Zitrone und -Orange

20 g Marsala (alternativ Wasser)

Für die Füllung

300 g Ricotta

100 g Zartbitterschokolade (70 % Kakaogehalt)

100 g Zucker

1 TL gemahlene Vanille

Außerdem

Mehl für die Arbeitsfläche

Öl zum Frittieren

Puderzucker zum Verzieren

Diese köstlichen Teigtaschen mit einer leckeren Füllung aus Schokolade und Ricotta stammen aus Agira, einer kleinen Ortschaft auf Sizilien. Die Herstellung ist nicht so einfach, so lohnt es sich daher, erst einmal zu üben.

ZUBEREITUNG:

Mehl, Eier, Zucker und 1 Prise Salz in eine Schüssel geben und vermengen. Butter in Stückchen schneiden und zu den trockenen Zutaten geben. Orangen- und Zitronenschalen abreiben und mit dem Marsala ebenfalls hinzugeben.

Den Teig mit den Händen glatt kneten. Das dauert einen Moment. Anfangs ist der Teig sehr krümelig. Mit ausreichendem Kneten gibt sich das aber. Teig zu einer Kugel formen, mit Folie abdecken und für 30 Minuten in den Kühlschrank legen.

In der Zwischenzeit Ricotta in ein Sieb geben und im Kühlschrank abtropfen lassen. Die Schokolade fein hacken. Ricotta, Zucker Schokolade und Vanille in eine Schüssel geben und gründlich vermengen, anschließend ebenfalls kalt stellen.

Den Teig aus dem Kühlschrank nehmen und mithilfe einer Nudelmaschine zu feinen Bahnen oder mit einem Nudelholz auf der leicht bemehlten Arbeitsfläche zu einer 1–2 mm dicken Teigplatte ausrollen. Auf einer Hälfte der Teigplatten jeweils etwa 1 EL Füllung in 3 cm Abstand verteilen. Die zweite Teighälfte darüber geben. Den Teig um die Füllung herum festdrücken und anschließend mit einem Ravioliausstecher ausstechen. Hierdurch entstehen die schönen Zacken am Rand. Mit dem übrigen Teig und der Füllung genauso verfahren.

Zum Frittieren Öl in einem Topf erhitzen. So viele Teigtaschen in das Öl geben, dass sie nebeneinander schwimmen und nicht übereinander. Von beiden Seiten etwa 90 Sekunden frittieren. Herausnehmen, mit Puderzucker bestreuen und noch warm genießen.

IRIS SICILIANA

Für 12 *Stück*

Für den Teig

550 g Weizenmehl (Type 405)

1 Pck. Trockenhefe

25 g Zucker

280 ml lauwarme Milch

1 Ei (Größe M)

50 g weiche Butter

Für die Füllung

300 g Ricotta

50 g Zartbitterschokolade (70 % Kakaogehalt)

100 g Puderzucker

Außerdem

Öl zum Frittieren

200 g Paniermehl

2 Eier (Größe M)

Die ***Iris*** *hat sich im vergangen Jahrhundert zur Lieblingssüßspeise der Palermitaner, besser gesagt zu ihrem Lieblingsfrühstück, gemausert. Sie wurde von Antonio Lo Verso zu Ehren der Oper „Iris" kreiert, die 1901 von Pietro Mascagni im wunderschönen Teatro Massimo, dem drittgrößten Opernhaus Europas, uraufgeführt wurde.*

ZUBEREITUNG:

Mehl, Hefe und Zucker in eine Schüssel geben und alles mit den Knethaken des Handrührgeräts langsam vermengen, bis sich die Hefe verteilt hat. Die Milch hineinlaufen lassen, das Ei zugeben und 10 Minuten weiter kneten. Anschließend nach und nach die Butter hinzufügen, dabei erst wenn ein Stückchen vom Teig aufgenommen wurde, das nächste Stückchen hinzugeben. Am Anfang ist er durch die Butter noch sehr klitschig und feucht. Das gibt sich aber durch das intensive Kneten. Abschließend mit den Händen noch ein wenig weiterkneten, bis ein elastischer Teig entstanden ist. Zu einer Kugel formen, die Schüssel mit Folie und einem Geschirrtuch abdecken und für 4 Stunden an einem warmen Ort gehen lassen.

Ricotta in ein Sieb geben und für 4 Stunden im Kühlschrank abtropfen lassen.

Den Teig in 12 Portionen teilen. Jede Portion auf der Arbeitsplatte mit den Handballen in kreisenden Bewegungen zu einer Kugel formen. Die Kugeln auf ein mit Backpapier ausgelegtes Backblech geben und für 1 weitere Stunde bei Zimmertemperatur gehen lassen. Dabei mit einem Geschirrtuch abdecken.

Schokolade 30 Minuten vor der Weiterverarbeitung des Teiges fein hacken, in ein Schüsselchen geben und für 30 Minuten in das Gefrierfach geben.

Nun bereiten wir die Füllung vor: In einer Schüssel Ricotta, Puderzucker und Schokolade mit einem Schneebesen gründlich vermengen. Den ersten Teigball nehmen und mit den Fingerspitzen zu einem Kreis mit 10 cm Durchmesser drücken. 1 EL Füllung in die Mitte des Teiges geben, dabei einen deutlichen Rand lassen, damit sich hinterher noch Bällchen formen lassen. Den Teig nach oben hineinschlagen, die Zipfel zusammendrücken und zu einer Kugel formen, so dass die Füllung eingeschlossen ist.

Öl zum Frittieren in einem Topf erhitzen. Paniermehl in eine Schale geben. In einer zweiten Schale die Eier aufschlagen und verquirlen. Nacheinander die Teigbällchen erst im Ei, dann im Paniermehl wenden. Wenn das Öl heiß genug ist, die Iris nebeneinander in das Fett geben, sodass sie sich nicht bedecken, und goldgelb frittieren. Das dauert etwa 3 Minuten. Dabei immer mal wieder wenden. Mit einem Schaumlöffel oder einem kleinen Sieb die Iris aus dem Fett nehmen und auf Küchenpapier abtropfen. Unbedingt noch heiß genießen!

CANNOLI

Für 9 ***Stück***

Für den Teig

10 ml Weißweinessig, Salz

250 g Weizenmehl (Type 405)

½ TL gemahlener Zimt

30 g Schweineschmalz

abgeriebene Schale von 1 Bio-Orange

30 g Zucker

1 Ei (Größe S)

50 ml Marsala (nach Belieben)

1 Eigelb (Größe S)

Für die Stracciatellafüllung

250 g Ricotta

50 g Puderzucker

20 g Zartbitterschokolade (70 % Kakaogehalt)

1 TL Vanillezucker

Für die Fruchtfüllung

100 g frische Himbeeren

130 g Frischkäse

3 EL Vanillezucker

Außerdem

Rapsöl zum Frittieren

1 runder Teigausstecher (Ø 10 cm)

Cannelliformen für Cannoli

2 Spritzbeutel

Der ***Cannolo Siciliano*** *zählt zu den berühmtesten „dolci" Italiens, wer diese wunderbar opulente Süßspeise jedoch erfunden hat, ist unklar. Ursprünglich während des Karnevals zubereitet, gelten die Cannoli heute weltweit als Meisterwerk der italienischen Patisserie. Übersetzt bedeutet cannolo „kleines Rohr". Die Füllung sowie die Garnierung variieren leicht je nach Provinz: In Catania werden sie mit Schokoladenraspeln, in Palermo und Messina mit kandierten Früchten oder Pistazien dekoriert.*

ZUBEREITUNG:

Für den Teig Salz in Weißweinessig auflösen. Mehl und Zimt in eine Schüssel geben, Schmalz, Orangenschalen und Zucker zugeben und mit den Fingerkuppen einarbeiten. In der Mitte des Teigs eine Mulde bilden und das Ei hineingeben, erneut kneten, in einer Schale dabei die Essiglösung und den Marsala zugeben. Den Teig solange kneten, bis die Flüssigkeit vollständig eingearbeitet und der Teig schön gleichmäßig und glatt ist. In Frischhaltefolie einwickeln und mind. 2 (max. 12 Stunden) in den Kühlschrank stellen.

Je ein Drittel des Teigs entweder mit der Teigrolle oder mit der Nudelmaschine etwa 2 mm dick ausrollen, Kreise ausstanzen und diese in eine leichte ovale Form ziehen. Eigelb in einer kleinen Schüssel verquirlen. Den Teig um die Cannelliform wickeln, die beiden Enden jeweils mit etwas Eigelb bepinseln und leicht andrücken, damit sie zusammenhalten. Einige Cannoli so zum Frittieren vorbereiten und mit Frischhaltefolie lose abdecken. Das Öl in einem tiefen Topf auf eine konstante Temperatur von 170 °C erhitzen (am besten mit einem Temperaturfühler messen). Die Cannoli nacheinander mithilfe einer Schaumkelle in das Öl halten und einige Sekunden lang goldbraun ausbacken, bis sie kleine Bläschen werfen, dann vorsichtig auf das Küchenpapier geben und vollständig auskühlen lassen.

Für die Stracciatellafüllung Ricotta, Puderzucker, Schokolade, Vanillezucker in eine Schüssel geben und kräftig miteinander vermengen, sodass sich die Zutaten gleichmäßig verteilen. Die Masse in einen Spritzbeutel füllen und nacheinander die Cannoli-Rohlinge mit der Creme füllen. Kaltstellen oder sofort zu einem Kaffee oder Tee genießen.

Für die Himbeerfüllung die Himbeeren waschen, trocken tupfen und durch ein feines Sieb streichen. Himbeermark in eine Schüssel geben. Mit Frischkäse vermengen, den Vanillezucker hinzugeben und gut unterrühren.

Die jeweilige Masse in einen Spritzbeutel füllen und nacheinander die Cannoli-Rohlinge zur Hälfte mit jeder Creme füllen. Kalt stellen oder sofort zu einem Kaffee oder Tee genießen.

BRIOCHE

Für 12 Stück

100 ml lauwarme Milch
1 Würfel frische Hefe
500 g Weizenmehl (Type 405)
Salz
70 g Zucker
1 Pck. Vanillezucker
4 Eier (Größe M)
250 g weiche Butter
1 Eigelb (Größe M)

Außerdem
Mehl für die Arbeitsfläche
12 Brioche-Förmchen
Öl für die Förmchen

*Die **Brioche** ist nicht nur lecker, sondern auch vielseitig: Entweder mit Butter oder selbstgemachter Konfitüre bestrichen oder üppig mit Eiscreme und Sahne befüllt, wie man sie in Siziliens Gelaterie überall bekommt – sie ist wahrlich ein Genuss!*

ZUBEREITUNG:

Hefe in die lauwarme Milch bröckeln. Mehl in die Schüssel einer Küchenmaschine geben. 2 TL Salz, Zucker sowie Vanillezucker hinzufügen und alles gut miteinander vermengen. In die Mitte eine Mulde drücken, Hefemilch hineingeben und mit Mehl bedecken. Eier hinzufügen und alles mit den Knethaken bei niedriger Geschwindigkeit 5 Minuten kneten, bis sich der Teig leicht vom Rand löst. Geben Sie nun die Butter nach und nach hinzu und lassen Sie den Teig 20–40 Minuten bei leicht erhöhter Geschwindigkeit weiterkneten, bis sich eine homogene Masse gebildet hat und der Teig sich vom Rand der Schüssel zu lösen beginnt. Er sollte nicht mehr stark zerfließen, sondern relativ gut formbar sein.

Attenzione: Anfangs ist der Teig durch den hohen Butteranteil recht weich, durch das lange Kneten wird am Ende jedoch ein homogener, gut formbarer Teig daraus. Die Knetzeit hängt davon ab, ob mit der Hand oder der Küchenmaschine geknetet wird – und in welcher Geschwindigkeit. Natürlich kann man den Teig auch ganz traditionell mit der Hand kneten – wer keine Küchenmaschine hat, muss deswegen nicht auf Brioches verzichten!

Den Teig zu einer Kugel formen, die Schüssel mit einem Geschirrtuch abdecken und den Teig bei Zimmertemperatur 2 Stunden gehen lassen (zwischendurch nicht hineinschauen!). In dieser Zeit verdoppelt er seine Größe fast. Anschließend die Hände mit Mehl bestäuben und den Teig nochmals kurz durchkneten. Schüssel dann mit Frischhaltefolie abdecken und über Nacht in den Kühlschrank stellen, um den Teig nochmals gehen zu lassen.

Am nächsten Tag den Ofen auf 180 °C (Umluft) vorheizen. Den Teig in 12 gleich große Stücke teilen und diese zu Kugeln formen – ggf. die Arbeitsfläche und die Hände mit Mehl bestäuben. Die Brioche wird nun aus einem Stück geformt: Dazu mit der Handkante zwischen dem ersten und dem zweiten Drittel des Teiges eine Rille drücken und die Teigkugel mit der Handkante vor und zurück rollen, bis sich die große Teigkugel in ein großes und ein kleines Stück geformt hat, die aber beide miteinander verbunden sind. In das große Stück ein Loch drücken und die kleine Kugel von unten weit durch dieses Loch schieben. Mit den übrigen Teigkugeln genauso verfahren. Brioche-Förmchen mit etwas Öl einpinseln und die Teigknoten hineinsetzen. Das Eigelb verquirlen und den Kopf jeder Brioche damit bepinseln.

Im heißen Ofen (Mitte) etwa 20 Minuten backen, bis die Brioches eine goldene Farbe annehmen. Aus dem Ofen nehmen, kurz abkühlen lassen und die Brioches anschließend aus den Förmchen lösen.

LATTE FRITTO

Für 20 *Stück*

Für die Milchwürfel

200 g Maisstärke

150 g Zucker

abgeriebene Schale von 1 Bio-Zitrone

800 ml Milch (3,5 % Fett)

Für die Panade

4 Eier (Größe M)

200 g Paniermehl

Außerdem

Öl zum Frittieren

Dieses Rezept stammt noch aus einer Zeit, in der Sizilien von den Spaniern besiedelt wurde. Es waren jedoch die Schwestern des Klarissen-Ordens, denen wir die Überlieferung dieser Köstlichkeit zu verdanken haben. Heutzutage wird die frittierte Milch hauptsächlich an den Faschingstagen zubereitet, ist aber auch ganzjährig ein Genuss!

ZUBEREITUNG:

Maisstärke, Zucker und die abgeriebene Zitronenschale in eine Schüssel geben und gut miteinander vermengen. Die Milch in einem Topf erhitzen, aber nicht kochen. Die warme Milch in einem dünnen Strahl zu den trockenen Zutaten geben und gut mit einem Holzlöffel verrühren, damit keine Klümpchen entstehen. Ganz lässt sich das nicht vermeiden. Klumpen einfach am Rand der Schüssel zerdrücken.

Alles in den Topf zurückgeben und bei niedriger Temperatur wieder auf den Herd stellen. Die Creme nun mit einem Holzlöffel unter ständigem Rühren einköcheln. *Attenzione:* Bitte auf keinen Fall einen Schneebesen verwenden! Der würde die Masse in kleine Stücke teilen. Die Masse verändert währenddessen leicht ihre Farbe und wird immer fester.

Eine Auflaufform (20 x 25 cm) mit Backpapier auslegen. Wenn die Masse stockt und puddingartig wird, in die Auflaufform geben und gleichmäßig verstreichen. Die Creme über Nacht im Kühlschrank fest werden lassen.

Am nächsten Tag die Masse in 20 Würfel schneiden. Für die Panade die Eier in einer Schale verquirlen. Das Paniermehl in einer separaten Schüssel bereitstellen. Jeweils einen Würfel der Masse zunächst im Ei und anschließend im Paniermehl wenden, beiseitelegen und mit den restlichen Würfeln ebenso verfahren.

So viel Öl in einem großen Topf erhitzen, dass die Würfel später bedeckt sind. Öl auf 170 °C erhitzen. Wer kein Küchenthermometer hat, kann mit einem kleinen Stück der Masse einen Test machen. Beginnt das Öl sofort zu blubbern, wenn das Teigstück hineingelassen wird, kann mit dem Frittieren begonnen werden.

Nun so viele Würfel in den Topf geben, dass sie nebeneinander und nicht übereinander liegen. Von beiden Seiten goldbraun frittieren, dabei mit einer Schaumkelle wenden. Das dauert etwa 1–2 Minuten. Anschließend auf einem Stück Küchenpapier abtropfen lassen und noch heiß servieren.

PARDULAS

Für 16 *Stück*

200 g Hartweizenmehl
(semola rimanciata di grano duro)

30 g Butterschmalz

100 ml Wasser

Für die Füllung

500 g Ricotta

100 g Zucker

2 Eigelb (Größe M)

60 g Hartweizenmehl
(semola rimanciata di grano duro)

Safranfäden

abgeriebene Schale
von je 1 Bio-Zitrone und -Orange

Außerdem

Mehl für die Arbeitsfläche

1 runder Teigausstecher
(Ø 10 cm)

1 Eigelb (Größe M)

1 EL Milch

Puderzucker zum Verzieren

*Der Ursprung der **Pardulas** ist ungewiss, genauso wie die Bedeutung ihres Namens. Einige vermuten, dass er von dem Wort „partoriente" stammt, das den Bauch einer schwangeren Frau kurz vor der Geburt beschreibt, denn genauso sieht der Bauch der Pardulas aus – voll und prall. Das leckere Backwerk aus Sardinien ist zudem eine pure Geschmacksexplosion!*

ZUBEREITUNG:

Den Ricotta über Nacht abtropfen lassen.

Hartweizenmehl und Butterschmalz in einer Schüssel gut verkneten. Wasser hinzufügen und alles zu einem glatten Teig verkneten. Zu einer Kugel formen und, während die Füllung vorbereitet wird, mit Frischhaltefolie abgedeckt, beiseitestellen.

In einer zweiten Schüssel den abgetropften Ricotta und Zucker gründlich miteinander vermengen. Dazu ggf. einen Schneebesen verwenden. Eigelbe, Hartweizenmehl, 1 Prise Safranfäden und die abgeriebenen Zitrusschalen zu der Ricottacreme geben. Alles gründlich miteinander vermengen und im Kühlschrank kalt stellen.

Den Teig mit einem Nudelholz sehr dünn (2 mm) auf der leicht bemehlten Arbeitsfläche ausrollen. Mit dem Ausstecher (oder einem Glas) 16 Kreise ausstechen und auf ein mit Backpapier ausgelegtes Backblech legen. Den Backofen auf 150° (Ober-/Unterhitze) vorheizen.

Nun bringen wir den Teig und die Ricottafüllung zusammen: Dazu pro Teigkreis 1 EL Füllung in die Mitte geben. Den Teig an zwei zueinander gegenüberliegenden Punkten zusammendrücken, sodass zwei nach außen stehende Zacken stehen bleiben. Das gleiche um 90° versetzt wiederholen, sodass nun in Summe 4 Zacken abstehen. Jeweils mittig zwischen allen Zacken den Teig nochmals zusammendrücken und einen weiteren Zacken formen. In Summe haben wir nun 8 Teigzacken und es hat sich ein kleiner Stern ergeben. Mit den übrigen Teigkreisen und der Füllung analog verfahren. Die Perdulas direkt auf das Backblech setzen.

Das Eigelb verquirlen und mit der Milch vermengen. Den Teig und die Oberfläche der Füllung leicht damit einpinseln. Die Pardulas im heißen Ofen (Mitte) 40 Minuten lang backen. Anschließend auskühlen lassen und mit Puderzucker bestreuen.

SEADAS

Für 12 Stück

Für den Teig

500 g Hartweizenmehl (semola rimanciata di grano duro)

1 Ei (Größe M)

250 ml lauwarmes Wasser

70 g weiches Butterschmalz

Für die Füllung

500 g Pecorino

70 ml Wasser

abgeriebene Schale von 1 Bio-Zitrone

Außerdem

Mehl für die Arbeitsfläche

1 runder Teigausstecher (Ø 8 cm)

Öl zum Fittieren

Honig zum Beträufeln

Über dieses Rezept wurde bereits in den Werken von Cato im 2. Jh. v. Chr. berichtet. Historisch gesehen waren die ***Seadas*** *das große Festgericht, das von den sardischen Frauen zubereitet wurde, wenn ihre Männer nach dem Almabtrieb heimkehrten. Was früher als Stärkung angedacht war, ist heutzutage ein Dessert. Dabei trifft der Geschmack vom heißen, fädenziehenden Käse auf knusprigen Hartweizenteig und die Süße von Honig. Che bontà!*

ZUBEREITUNG:

Hartweizenmehl, Ei und Wasser in eine Schüssel geben und mit den Händen kneten. Nach und nach das Butterschmalz hinzugeben und alles weiter kneten, bis ein glatter Teig entstanden ist. Den Teig dazu ggf. auf die Arbeitsplatte geben. Diese aber vorher sehr gut mit Mehl bestäuben! Sobald der Teig glatt geknetet ist, mit Folie abdecken und 30 Minuten kalt stellen.

Für die Füllung den Pecorino fein hobeln. Das Wasser in einen Topf geben, vorsichtig erhitzen und den Pecorino langsam zum Schmelzen bringen, dabei umrühren, damit er sich ein wenig mit dem Wasser verbindet. Sobald der Käse geschmolzen ist, die Zitronenschale hinzugeben und verrühren. Eine Lage Backpapier ausrollen und den Käse mit einer Schaumkelle darauf geben, 2 mm dick als Rechteck verteilen und etwas fest werden lassen. Nun mit dem Ausstecher (oder mit einem Glas) 12 Kreise ausstechen. Lässt sich der Käse nur schwer ausstechen, mit einem scharfen Messer um den Rand des Ausstechers oder des Glases herum schneiden.

Den Teig aus dem Kühlschrank nehmen, halbieren und jede Hälfte mithilfe einer Nudelmaschine oder alternativ mit dem Nudelholz zu sehr dünnen Bahnen (1–2 mm) ausrollen. Auf einer Hälfte in gleichmäßigen Abständen die Pecorinokreise verteilen. Die zweite Teighälfte darüberlegen und die Seadas ausstechen. Die Ränder leicht festdrücken.

Wer keine Nudelmaschine hat, kann den Teig auch mit dem Nudelholz ausrollen. Dazu eine Teighälfte sehr dünn ausrollen, die Pecorinokreise darauf verteilen. Die zweite Hälfte des Teiges ebenfalls sehr dünn ausrollen und über die erste Hälfte legen. Mit einem Ausstecher, der etwas größer als die Pecorinokreise ist, die Seadas ausstechen und die Ränder um den Pecorino herum, z. B. mit einer Gabel, festdrücken.

Das Öl in einen großen Topf geben und erhitzen. Die Seadas mit einer Schaumkelle in das Öl geben, aber immer nur so viele, dass sie sich nicht gegenseitig bedecken. Von beiden Seiten goldgelb und knusprig frittieren (das dauert etwa 1 Minute). Herausnehmen und auf einem Stück Küchenpapier abtropfen lassen. Mit Honig garnieren und noch heiß servieren.

Le Feste –

FESTTAGS-GEBÄCK

LE TRADIZIONI DELLE FESTE

Mit Gewissheit sind kulinarische Traditionen nicht ausschließlich in Italien mit bestimmten Festtagen verbunden, dennoch darf man mit Recht behaupten, dass besonders in Italien das Essen im Allgemeinen einen besonderen Stellenwert hat und gerade an den Feiertagen mit höchster Akribie zelebriert wird. So werden in allen italienischen Familien vom Aostatal bis nach Sizilien all die traditionellen Speisen für die Feiertage zubereitet: Ob Torta di Pasqua oder Pinoccate zu Ostern, Panettone oder Mostaccioli zu Weihnachten oder Chiacchiere und Castagniole während des Karnevals, egal ob es sich um einen religiösen Feiertag handelt oder um ein weltliches Fest – Feiern stellt für die italienische Bevölkerung stets einen Anlass dar, gesellschaftlich angesehene Gesten und Taten mitzuerleben oder selber im kleinen häuslichen Rahmen nachzuahmen: Wie in einer Theatervorstellung wiederholt man von Jahr zu Jahr antike Bräuche, man rezitiert mit der Sprache und mit der Mimik überlieferte Sprüche und Formeln. Durch diesen rituellen Charakter wird die Bedeutung dieses bestimmten Feiertages immer wieder neu hervorgehoben und belebt. All das kann mit Tradition zusammengefasst werden – so auch am Tisch.

Der Einfluss religiöser Vorschriften auf unsere Ernährungsgewohnheiten hat heutzutage deutlich abgenommen. An wichtigen Feiertagen besinnen wir uns jedoch immer wieder gerne auf sie zurück. Dann backen neapolitanische Hausfrauen zu Ostern das reichhaltige Casatiello und verzieren es mit einem Mosaik ungeschälter Eier, die die Auferstehung Christi und damit auch des eigenen Leibs nach der mageren Fastenzeit symbolisieren. Genauso warten wir auch heute noch geduldig auf Heiligabend, um die oft Monate zuvor gekauften Panettoni und Pandori mit einem süßen Schleier Puderzucker zu bestäuben und feierlich im Kreise der Familie anzuschneiden.

Zwar können wir heute alles kaufen, dennoch haben selbst gekochte Gerichte, wie sie bereits von unseren Ururgroßmüttern zubereitet wurden, eine besondere symbolische Kraft. Auch ist es kein Zufall, dass frittierte Speisen und Süßigkeiten gerade an den Feiertagen die Hauptrolle spielen. Früher hatten die Menschen nur wenig Zeit für Entspannung und nutzten diese seltenen Gelegenheiten, um sich einen kleinen Luxus für den Gaumen zu gönnen: Langwierige Zubereitungen, schwere, komplexe und bunte Speisen – an diesen Tagen wurde jedes Bisschen schlechten Gewissens abgelegt! Das, was alle Festspeisen also vereint, ist ihre Opulenz.

Im Norden Italiens scheinen der österreichische und der französische Einfluss mit einer an Butter, Zucker, Gewürzen und kandierten Früchten reichen Konditorkunst durch. Die Mitte des Stiefels orientiert sich hingegen an den Traditionen der Renaissance, die sich in einer verschärften Süße ausdrücken, deren Komplizen Rosinen, Trockenfrüchte, Pinienkerne und viele Gewürze sind. Der Süden bleibt den alten Mittelmeerbräuchen treu, sodass gekochter Weinmost, Feigen, Zitrusfrüchte und Honig in Torroni, Kekse, Torten und Frittiertem triumphieren.

»Das, was alle Festspeisen vereint, ist ihre Opulenz.«

Im Übrigen war und bleibt in jeder Epoche und jeder Region die wichtigste Funktion der Feierlichkeiten, abgesehen davon, das Jahr und die Jahreszeiten zu unterteilen, die eigene Kultur zu verdeutlichen. Und wie könnte man das besser als durch die Speisen, die wir bereits seit Jahrhunderten in dieser Form zubereiten? Auch in Italien tendiert man heutzutage immer mehr zu einer Mäßigung in Bezug auf das, was wir täglich zu uns nehmen, egal ob Bio, Light oder Low Carb. Im Kontrast dazu hat sich das große Festtagsmahl im Kreise der Familie als etwas Besonderes und Außergewöhnliches gefestigt – an diesen wenigen Tagen im Jahr, wo alles erlaubt ist und der Genuss im Vordergrund steht.

Das Stereotyp der italienischen Großfamilie, in der die *mamma* täglich studenlang am Herd steht und alle Familienmitglieder schließlich zum gemeinsamenen Abendessen am Tisch zusammenkommen, gibt kein aktuelles Bild der Gesellschaft mehr wieder. Was jedoch bleibt, ist der Charakter des Teilens, der weiterhin ein fester Bestandteil der italienischen Identität ist. Auf diese Weise können wir den symbolischen Wert eines Panettone in Mailand oder der Struffoli in Neapel noch besser verstehen. Diese Speisen sind auch heute noch wichtig für die Familien, die vielleicht nicht mehr dem konventionellen Bild entsprechen mögen, aber nie vergessen haben, dass die Art, wie wir mit Liebe und Sorgfalt zubereitetes Essen gemeinsam genießen, uns als Menschen und Nation ausmacht und verbindet.

FRAPPE DI CARNEVALE

Für ca. 30 Stück

1 Ei (Größe M)

1 EL Zucker

1 EL Anislikör (nach Belieben, alternativ eine alkoholfreie Variante, z. B. Blancart Anise)

1 EL Sonnenblumenöl

1 TL abgeriebene Schale von 1 Bio-Zitrone

Salz

140 g Weizenmehl (Type 405)

Außerdem

Mehl für die Arbeitsfläche

Öl zum Frittieren

Puderzucker zum Verzieren

TIPP:

Alternativ lässt sich der Teig auch im Backofen bei 200 °C (Umluft) backen.

*Die **Frappe**, je nach Region auch „Chiacchiere" oder „Bugie", sind eine typische Süßspeise, die in ganz Italien während des Karnevals genascht wird. Das Rezept entstammt dem altrömischen Brauch, in dieser Jahreszeit Teig in Fett zu frittieren.*

ZUBEREITUNG:

Das Ei in eine Schüssel geben. Zucker, Likör, Öl, Zitronenschale und 1 Prise Salz dazugeben und alles miteinander verrühren. Geben Sie nun nach und nach das Mehl hinzu und kneten Sie alles mit den Händen zu einem Teig.

Geben Sie etwas Mehl auf die Arbeitsfläche und kneten Sie den Teig dort weiter, bis er homogen ist und sich gut verarbeiten lässt. Bestäuben Sie dazu den Teig immer wieder mit Mehl.

Rollen Sie den Teig nun mit einem Nudelholz 3 mm dick zu einem Rechteck aus. Mit einem Teigrad der Länge nach 3 cm breite Bahnen abtrennen, diese wiederum in 5 cm lange Stücke teilen.

Erhitzen Sie so viel Öl in einem großen Topf, dass es später die Teiglinge vollständig beim Frittieren bedeckt. Teigstücke ins Öl geben und frittieren, bis sie nach oben steigen und von einer Seite braun sind. Mit einer Küchenzange wenden und auch die andere Seite goldbraun frittieren. Das dauert insgesamt max. 2 Minuten. *Attenzione:* Es sollten nicht zu viele Teigstücke auf einmal im Topf sein, sonst werden sie nicht knusprig, am besten portionsweise frittieren! Lassen Sie die frittieren Teigstücke anschließend auf Küchenpapier abtropfen.

Zum Servieren mit viel Puderzucker bestreuen und unbedingt noch warm genießen!

STRUFFOLI

Für 1 Struffoli-Kranz

Für den Teig

330 g Weizenmehl (Type 405)

3 EL Zucker

Salz

½ TL Backpulver

abgerieben Schale von 1 Bio-Zitrone

abgeriebene Schale von ½ Bio-Orange

90 g zimmerwarme Butter

3 Eier (Größe M)

1 TL Vanillearoma

Für die Glasur

200 g Honig

90 g Zucker

Saft von ½ Zitrone

1 Handvoll Haselnusskerne (nach Belieben auch mehr)

Außerdem

Öl zum Frittieren

bunte Streusel zum Verzieren (nach Belieben)

***Struffoli** sind eine typisch neapoletanische Süßspeise für die Weihnachts- und Faschingsfeiertage, die aus kleinen frittierten, mit Honig überzogenen Teigkügelchen besteht, und durch ihr buntes Erscheinungsbild immer für gute Laune sorgt. In anderen Regionen Italiens sind sie unter anderen Namen bekannt, wie „Cicerchiata" in den Marken oder „Cicirata" in Kalabrien.*

ZUBEREITUNG:

Für den Teig Mehl, Zucker, 1 Prise Salz, Backpulver und den Zitrusabrieb in eine Schüssel geben und vermengen. Butter, Eier und Vanillearoma hinzugeben und alles vermengen, bis ein homogener Teig entstanden ist. Der Teig ist nun noch sehr klebrig und feucht. Damit er sich einfacher weiterverarbeiten lässt, den Teig grob zu einer großen Kugel formen, mit Frischhaltefolie einwickeln und 30 Minuten in den Kühlschrank geben.

Den Teig nach dieser Zeit herausnehmen und in haselnussgroße Bällchen rollen, bis der gesamte Teig aufgebraucht ist. Öl in einem großen Topf erhitzen, Teigbällchen portionsweise hineingeben (sodass die Oberfläche bedeckt ist, sie aber nicht übereinander liegen). Sie sind fertig, sobald sie nach oben steigen und eine goldene Farbe annehmen. Das dauert etwa 1 Minute. Teigbällchen anschließend mit einer Schaumkelle aus dem Öl nehmen und auf Küchenpapier abtropfen lassen.

Für die Glasur Honig, Zucker und Zitronensaft in einem Topf erhitzen, bis der Zucker geschmolzen ist und die Masse sprudelt. Haselnüsse und alle fertig frittierten Struffoli in die Zucker-Honig-Mischung geben und zügig, aber behutsam darin wenden.

Die glasierten Struffoli und Haselnüsse auf einer Platte kranzförmig anrichten. Damit das besser gelingt, stellen Sie als Hilfe ein gefettetes Glas oder anderes Gefäß in die Mitte. Dieses kann, nachdem die Struffoli etwas ausgehärtet sind, ganz einfach wieder herausgezogen werden. Sobald der Kranz fertig ist, mit den bunten Streuseln verzieren. *Ecco, che belli!*

CASTAGNOLE DI CARNEVALE

Für 30 Stück

200 g Weizenmehl (Type 405)

1 Pck. Backpulver

50 g Zucker

ausgekratztes Mark von 1 Vanilleschote

Salz

abgeriebene Schale von ½ Bio-Zitrone

2 Eier (Größe M)

40 g weiche Butter

1 EL Anislikör (nach Belieben, alternativ eine alkoholfreie Variante, z. B. Blancart Anise)

Außerdem

Öl zum Frittieren

Zucker oder Puderzucker zum Verzieren

*Die **Castagnole**, oder auch „Zeppole", sind kleine Krapfen aus der Emilia-Romagna, die während der Karnevalssaison an jeder Ecke angeboten werden – außen knusprig und innen so herrlich weich, dass man ihnen kaum widerstehen kann. Ihren Namen verdanken Sie übrigens ihrer kastanienähnlichen Form.*

ZUBEREITUNG:

Mehl und Backpulver in eine Schüssel geben. Zucker und Vanillemark in einem Schälchen vermengen, bis sich das Vanillemark gut im Zucker verteilt hat. Zucker-Mischung, 1 Prise Salz, Zitronenschale, Eier, Butter (weich, aber nicht geschmolzen!) und Likör hinzugeben und alles zunächst mit einem Holzöffel, dann mit den Händen zu einem glatten Teig verkneten.

Die Schüssel mit Frischhaltefolie abdecken und den Teig 30 Minuten kalt stellen.

Nun können Sie den Teig aus der Schüssel nehmen und dritteln. Das erste Drittel zu einer Rolle von etwa Ø 3 cm formen. Schneiden Sie hiervon 3–4 cm breite Stücke ab und formen Sie diese zu kleinen Bällchen.

Erhitzen Sie nun so viel Öl in einem großen Topf, dass die Bällchen später beim Frittieren vollständig bedeckt sind. Die Bällchen in das heiße Öl geben und unter gelegentlichem Wenden frittieren, bis sie eine goldene Farbe annehmen. Das dauert in Summe etwa 2 Minuten. Mit dem restlichen Teig genauso verfahren. *Attenzione:* Es sollten nicht zu viele Bällchen auf einmal im Topf sein, sonst werden sie nicht richtig knusprig, am besten portionsweise frittieren!

Die noch heißen Bällchen auf Küchenpapier kurz abtropfen lassen und anschließend nach Belieben in ordentlich Zucker oder Puderzucker wenden – noch heiß genießen, denn so schmecken sie am besten!

SALAME DEL PAPA

Für 1 Rolle (30 cm)

125 g Butterkekse

1 Ei (Größe M)

125 g Zucker

50 g zerlassene Butter

40 g Backkakaopulver

1 Espresso

Außerdem

Puderzucker zum Verzieren

weißes Bastband (nach Belieben)

Was auf den ersten Blick einer Blutwurst ähnelt, ist eine typische Spezialität aus dem Piemont. Sie ist mittlerweile in ganz Italien bekannt und wird gerne an den Osterfeiertagen genascht. „Stare come un Papa" (Leben wie ein Papst) heißt in Italien soviel wie ein bequemes und angenehmes Leben zu führen – Mit dieser noblen Schokoladensalami, die eines Papstes würdig ist, kann man das ganz gewiss!

ZUBEREITUNG:

Die Butterkekse in eine Plastiktüte geben und mit einem Nudelholz zu groben Bröseln zerstoßen. Alle übrigen Zutaten in eine Schüssel geben und miteinander vermengen. Erst jetzt die Keksbrösel nach und nach in die Masse geben und gründlich unterrühren.

Die Masse nun auf ein etwa 40 cm langes Stück Frischhaltefolie geben und zu einer etwa 30 cm langen und 6 cm breiten Rolle formen. *Attenzione:* Die Masse bleibt dabei ziemlich an den Händen kleben! Die Folie anschließend um die Rolle schlagen, zusätzlich in Alufolie einwickeln und für 3 Stunden kalt stellen.

Einen Teller mit Puderzucker bestreuen. Die Rolle auspacken und auf den Teller in den Puderzucker legen. Nun auch die Oberfläche der Schokoladensalami mit Puderzucker bestreuen. Damit es schöner aussieht, können Sie die mit Puderzucker bedeckte Rolle nun noch auf eine saubere Servierplatte legen.

Wer will, kann für die Dekoration, die der Optik einer echten Salami nahe kommt, ein weißes Bastband in der Länge der Rolle und 5 Fäden in der Breite der Rolle abschneiden. Zunächst den langen Faden mittig auf der „Salami" platzieren. Nun die kurzen Fäden in gleichmäßigem Abstand darüber legen. Die Fäden schließen dabei nicht unter der Rolle ab, sondern liegen nur täuschend echt auf ihr auf.

Zum Servieren etwa 5 mm dicke Scheiben abschneiden und genießen wie der Papst.

TORTA DI PASQUA UMBRA

Für 1 Panettoneform (Ø 18 cm)

500 g Weizenmehl (Type 405)

1 Pck. Trockenhefe

12 g Honig

150 g Parmesan

150 g lauwarme Milch (3,5 %)

5 Eier (Größe M)

65 g Olivenöl extra vergine

2 TL Salz

frisch gemahlener schwarzer Pfeffer

100 g Pecorino

Außerdem

Mehl für die Arbeitsfläche und die Form

Butter zum Einfetten

Dieses herzhafte Gebäck, auch „Crescia al formaggio" genannt, ist ein Klassiker aus Umbrien, der beim Osterfrühstück nicht fehlen darf. „Crescere" bedeutet auf Italienisch „wachsen" – oder in diesem Fall vielleicht besser „aufgehen"?

ZUBEREITUNG:

Mehl, Hefe und Honig in eine Schüssel geben und miteinander vermengen. Parmesan hobeln und zum Mehl geben, ebenso die Milch. Alles miteinander mit den Knethaken des Handrührgeräts vermengen. Eier aufschlagen, zur Mehlmischung geben und unterrühren. Sobald die Flüssigkeit der Eier vom Mehl aufgenommen wurde, Öl hinzugeben und ebenfalls vermengen. Nun alles so lange kneten, bis der Teig bereits recht elastisch ist (das dauert ca. 6 Minuten). Salz und Pfeffer hinzugeben und noch 2 Minuten weiterkneten. Pecorino in 1 cm große Würfel schneiden und unter den Teig mischen.

Eine Springform leicht mit Butter einfetten, etwas Mehl hineingeben, verteilen und überschüssige Mehl abklopfen. Den Teig auf eine bemehlte Arbeitsfläche geben, kurz weiterkneten, dann zu einem Rechteck formen und die Enden in Richtung der Mitte einschlagen. Den Teig mit der Naht nach unten in die Springform geben. Mit einem Geschirrtuch abdecken und 3 Stunden an einem warmen Ort (z. B. im ausgeschalteten Backofen) gehen lassen.

Den Backofen auf 180 °C (Ober-/Unterhitze) vorheizen, eine ofenfeste Schale mit Wasser füllen und auf dem Boden des Ofens platzieren. Die Torta nun im heißen Ofen (Mitte) für 70 Minuten backen. Nach 25 Minuten die Wasserschale entfernen. Sollte die Torta zwischenzeitlich zu dunkel werden, einfach mit etwas Alufolie abdecken. Um zu testen, ob die Torta fertig ist, eine Stäbchenprobe machen. Anschließend herausnehmen, kurz auskühlen lassen und erst dann aus der Form lösen.

PINOCCATE DI PERUGIA

Für 20 *Stück*

115 ml Wasser

350 g Zucker

80 g Glukosesirup

220 g Pinienkerne

Für Pinoccate Bianche

abgeriebene Schale von 1 Bio-Zitrone

½ TL gemahlene Vanille

Außerdem

Zucker für die Arbeitsfläche

*Die **Pinoccate** sind in Umbrien ein typisches Gebäck für die Ostertage. Es gibt sie in unterschiedlichen Ausführungen: klassisch hell, mit Kakao oder mit den kandierten Schalen von Zitrusfrüchten. Sie eignen sich ideal als Geschenk für Freunde und Familie und sehen in Bonbonpapier gewickelt besonders hübsch aus.*

ZUBEREITUNG:

In eine beschichtete Pfanne Wasser, Zucker und den Sirup geben. Alles vorsichtig erhitzen und dabei mit einem Holzlöffel ein wenig umrühren. Den Zucker schmelzen und leicht köcheln lassen, jedoch ohne dass er karamellisiert.

Um zu testen, ob der Zucker fertig ist, eine kleine Schale mit sehr kaltem Wasser füllen. An der Pfanne die Spitzen von Daumen und Zeigefinger in das Wasser tunken, dann schnell eine minimale Portion vom Zucker abzupfen und in das kalte Wasser geben. Den Zucker mit den Fingerspitzen nun wieder aus dem Wasser herausnehmen. Ist er jetzt zu einem dehnbaren Zuckerfaden geworden, ist er für die weitere Verarbeitung fertig. Den Herd ausstellen.

Für die Pinoccate Bianche Pinienkerne mit Zitronenschale und Vanille in einer separaten Schüssel vermengen. Anschließend zum Zucker geben und mit einem Holzlöffel unterrühren. Die Masse in eine Schüssel geben und dort etwas abkühlen lassen, dabei die Masse mit der Teigkarte etwas vermengen. So kühlt sie schneller aus.

Die Arbeitsfläche mit Zucker bestreuen. Mit Hilfe einer Teigkarte die Masse auf die Arbeitsfläche geben und ebenfalls mit Zucker bestreuen. Den Teig mit einer Teigkarte zu einer kompakten Masse zusammenschieben, dabei ein etwa 3 cm hohes Quadrat formen. Mit den Händen festdrücken und so lange bearbeiten, bis sich die Kerne und der Zucker gut miteinander verbunden haben. Mit einem scharfen Messer von rechts nach links etwa 3–4 cm breite Bahnen in die Masse schneiden. Anschließend den Vorgang von unten nach oben wiederholen. Dabei darauf achten, dass die zweiten Bahnen leicht schräg geschnitten werden, sodass Rauten entstehen. Die Pinoccate nun vorsichtig voneinander lösen und auf einer Servierplatte vollkommen auskühlen lassen.

Variazione:
Für Pinoccate Nere verwenden Sie 20g Backkakaopulver statt Zitrone und Vanille und nur 180g Pinienkerne. Alles andere verbleibt wie gehabt.

MOSTACCIOLI

Für 30 *Stück*

500 g Weizenmehl (Type 405)

300 g Zucker

150 g gemahlene Mandeln

30 g Backkakaopulver

abgeriebene Schale von 1 Bio-Orange

2 Msp. gemahlener Muskat

250 ml lauwarmes Wasser

250 g Zartbitterschokolade (70 % Kakaogehalt)

Außerdem

1 rautenförmiger Ausstecher (nach Belieben)

TIPP:

Es ist wichtig, die Kekse beim Backen im Blick zu haben. Sie werden schnell zu hart und sind dann schwer zu beißen.

*Die **Mostaccioli** gehören zur weihnachtlichen Backtradition Neapels. Weich, zartschmelzend, würzig und mit Schokolade glasiert. Jede Familie hat natürlich ihr eigenes Rezept, nur eine Zutat bleibt immer gleich: das „Pisto", eine Gewürzmischung aus Muskatnuss, Zimt, Nelken und Koriander, die in Neapel – ähnlich wie Spekulatiusgewürz – traditionell für Weihnachtsgebäck verwendet wird.*

ZUBEREITUNG:

Mehl, Zucker, Mandeln, Kakaopulver, Orangenschale und Muskat in eine Schüssel geben und vermengen. Das lauwarme Wasser hinzugeben und alles mit den Händen zu einem glatten Teig kneten. Am Anfang erscheint er ggf. etwas bröckelig, das gibt sich aber durch das Kneten. Den Teig nun mit Folie abdecken und 2 Stunden kalt stellen.

Den Backofen auf 180 °C (Umluft) vorheizen. Den Teig aus dem Kühlschrank nehmen und dritteln. Zwei Drittel des Teigs wieder in den Kühlschrank stellen, das übrige Drittel auf eine Lage Backpapier geben und mit einer weiteren Lage abdecken. Den Teig mithilfe eines Nudelholzes zwischen den Backpapierlagen etwa 1 cm dick ausrollen, die obere Lage Backpapier abziehen und mithilfe eines rautenförmigen Ausstechers 10 Rauten ausstechen. Andernfalls einfach mit einem Messer ausschneiden.

Ein Backblech mit Backpapier auslegen, die Teigrauten auf das Blech legen und alles im heißen Ofen (Mitte) 15 Minuten lang backen. Die Kekse erscheinen zunächst noch etwas weich, härten dann aber nach. Nach dem Backvorgang vollständig auskühlen lassen. Mit dem restlichen Teig ebenso verfahren.

Die Schokolade grob hacken und über dem Wasserbad oder in der Mikrowelle schmelzen lassen. Die Oberseite der Kekse mit Schokolade bedecken, anschließend kühlstellen oder bei Zimmertemperatur fest werden lassen.

for the executioner
Matt wasn't being sacked. Oh no. Matt was being pro-
monster,

CASATIELLO

Für 1 Springform (Ø 24 cm)

Für den Teig

375 ml lauwarmes Wasser

10 g Trockenhefe

25 g Olivenöl extra vergine

25 g zerlassenes Butterschmalz

650 g Weizenmehl (Type 405)

3 TL Salz

Pfeffer (nach Belieben)

Für die Füllung

150 g italienische Salami

150 g Pecorino

4 Eier (Größe M)

Außerdem

Mehl für die Arbeitsfläche

Öl oder Butter für die Form

Kein Ostern in Neapel ohne ***Casatiello****! Das traditionelle Osterbrot mit den im Teig kreuzweise verankerten Eiern, die die Dornenkrone Christi symbolisieren, wird meistens am Karsamstag in Begleitung z. B. zu Saubohnen, Soppressata (eine scharfe Salami aus Kalabrien) und geräuchertem Ricotta gegessen. Was übrig bleibt, wird dann am Ostermontag mit ins Grüne für ein Picknick genommen.*

ZUBEREITUNG:

Wasser und Hefe in einer Schüssel vermengen, bis sich die Hefe mit dem Wasser verbunden hat. Olivenöl, Butterschmalz sowie 2 EL Mehl hinzufügen und mit dem Knethaken des Handrührgeräts langsam beginnen, den Teig zu kneten. Das Salz hinzufügen und weiterrühren. Anschließend das restliche Mehl nach und nach unter Rühren hinzugeben.

Den Teig für 5 Minuten weiter kneten, bis eine glatte, homogene Masse entstanden ist. Anschließend den Teig auf eine bemehlte Arbeitsplatte geben und mit den Händen weitere 5 Minuten kneten, bis ein elastischer Teig entstanden ist. Den Teig zu einer Kugel formen, in die Schüssel geben und dort so lange ruhen lassen, bis Sie die Füllung zubereitet haben.

Für die Füllung die Salami von der Haut befreien und in kleine, etwa 5 mm große Würfel schneiden, ebenso den Pecorino.

Vom Teig 80 g abnehmen und in der Schüssel belassen. Den übrigen Teig auf der bemehlten Arbeitsplatte etwas flach drücken, anschließend Salamiwürfel und dem Käse darauf geben und gut in den Teig einarbeiten. Anschließend mit den Handballen zu einer etwa 35 cm langen Schlange formen, diese in die gefettete Springform legen. Die rohen Eier waschen und gleichmäßig verteilt in den Teig setzen.

Nun den restlichen Teig in 8 Portionen teilen, diese zu kleinen Schlangen ausrollen und jeweils zwei von ihnen kreuzweise über ein Ei legen und leicht festdrücken. Die Form mit einem Geschirrtuch abdecken und den Teig bei Zimmertemperatur 90 Minuten gehen lassen.

Den Backofen auf 170 °C (Ober-/Unterhitze) vorheizen und den Casatiello im heißen Ofen (Mitte) backen, bis er aufgegangen ist und an der Oberfläche eine goldene Farbe hat. Das dauert etwa 75 Minuten. Anschließend herausnehmen und abkühlen lassen.

PASTIERA NAPOLETANA

Für 1 Springform (Ø 28 cm)

Für den Teig

140 g Rohrzucker

175 g Schweineschmalz (alternativ Butterschmalz)

2 Eier (Größe M)

350 g Weizenmehl (Type 405)

abgeriebene Schale von 1 Bio-Orange

Für die Füllung

200 g vorgekochter Weizen (z. B. Ebly)

200 ml Milch

30 g Butter

abgeriebene Schale von 1 Bio-Zitrone

ausgekratztes Mark von 1 Bourbon-Vanilleschote

Salz

250 g Rohrzucker

2 TL Millefiori-Aroma (alternativ Orangenblütenwasser oder Cointreau)

je 150 g Orangeat und Zitronat

350 g Ricotta

2 Eier (Größe M)

Außerdem

Mehl für die Arbeitsfläche

Butter zum Einfetten

Puderzucker zum Verzieren

Diese Ricotta-Torte aus der Region Kampanien wird traditionell in jeder neapolitanischen Familie zu Ostern gebacken. Das Rezept stammt noch aus vorchristlicher Zeit und wurde erst später mit dem Osterfest in Verbindung gebracht, das meistens mit dem Beginn der Weizenernte und den ersten Frühlingsblüten zusammenfällt. Zu dieser Zeit wurde auch das Aroma Millefiori (eine Blütenessenz) hergestellt, das die Füllung der ***Pastiera*** *so einzigartig macht. Mittlerweile hat sich der Osterkuchen zu einer echten Spezialität entwickelt, die man ganzjährig in den Konditoreien Neapels vorfindet.*

ZUBEREITUNG:

Für den Teig den Zucker in einem Mixer zu feinem Puder mahlen. Puderzucker und Schmalz in eine Schüssel geben und mit einem Holzlöffel zu einer homogenen Paste verarbeiten. Erst die Eier nacheinander dazugeben, zuletzt das Mehl und die geriebene Orangenschale. Den Teig nun auf hoher Stufe mit den Knethaken des Handrührgeräts kneten, bis er sich glatt und gleichmäßig anfühlt. Herausnehmen und auf einer leicht bemehlten Arbeitsfläche zu einer Kugel formen. Die Teigkugel in Folie wickeln und 30 Minuten im Kühlschrank kalt stellen.

Für die Füllung den Weizen mit der Milch in einen Topf geben und mit der Butter, der geriebenen Zitronenschale, der Vanille, 1 Prise Salz und 1 TL Zucker bei niedriger Hitze 10–15 Minuten köcheln lassen. Sobald die Masse cremig wird, vom Herd nehmen und abkühlen lassen, das Aroma sowie Orangeat und Zitronat unterrühren.

Ricotta, die Eier und den übrigen Zucker in eine Rührschüssel geben und mit dem Schneebesen verrühren. Alles dem gekochten Weizen beimengen und gut verrühren.

Den Backofen bei 180 °C (Ober-/Unterhitze) vorheizen.

Den Teig auf einem Backpapier ca. 5 mm dick ausrollen. Etwa 80–100 g davon für später wegnehmen. Das Backpapier mit dem Teig so in der gefetteten Springform auslegen, dass der Teig die Formwand bis auf eine Höhe von etwa 5 cm verkleidet, überschüssigen Teig mit einem Messer entfernen. Die Füllung darauf geben und gleichmäßig verteilen. Den restlichen Teig mit einem gewellten Teigrädchen in jeweils ca. 2 cm breite Streifen schneiden und diese über Kreuz in Rautenform auf die Füllung legen.

Ora s'informa! Im heißen Backofen (Mitte) ca. 45 Minuten lang backen – dabei die Temperatur in den letzten 5 Minuten auf 220 °C erhöhen, damit die Oberfläche schön karamellisiert.

Die Pastiera herausnehmen und abkühlen lassen. Zum Schluss mit etwas Puderzucker bestreuen.

PANDORO

Für 1 Pandoro

6 Eier (Größe M)

200 g Zucker

110 ml Sonnenblumenöl

abgeriebene Schale von 1 Bio-Orange

170ml Orangensaft

40 ml Milch

250 g Weizenmehl (Type 405)

1 Pck. Backpulver

Außerdem

1 Pandoroform (alternativ 1 Gugelhupfform)

Butter zum Einfetten

Puderzucker zum Verzieren

Das ***Pandoro*** *ist ein typisches süßes Brot aus Verona für die Festtage rund um Weihnachten. Das Rezept stammt bereits aus der Zeit der Römer und wurde in Verona über die Jahrhunderte unter dem Namen „Nadalin" weitereintwickelt. Erst 1894 meldete der Konditor Domenico Melegatti das Patent für das Gebäck an, das wir heute als Pandoro kennen: Seine Werke produzieren nun seit über 100 Jahren jedes Jahr hunderttausende Pandori für die italienischen Haushalte. Die typische achteckige Sternenform wurde damals von einem impressionistischen Maler entworfen.*

ZUBEREITUNG:

Die Eier trennen. Zucker zu den Eigelben geben und mithilfe des Handrührgeräts schaumig schlagen. Sonnenblumenöl in einem dünnen Strahl zu der Masse geben und weiter cremig rühren. Orangenschale, Saft und Milch zugeben und ebenfalls unterrühren. Mehl und Backpulver nach und nach hinzugeben und weiter vermengen, bis ein cremiger Teig entstanden ist.

Das Eiweiß steif schlagen und behutsam unter den Teig heben, bis sich eine glatte Masse gebildet hat.

Den Backofen auf 180 °C (Umluft) vorheizen. Eine Pandoroform gründlich mit Butter fetten. Den Teig in die Form füllen und den Pandoro im heißen Ofen (Mitte) 40–45 Minuten backen. Falls die Oberfläche zu dunkel wird, einfach mit einem Stück Alufolie abdecken. Um zu testen, ob er fertig ist, die Stäbchenprobe durchführen.

Pandoro anschließend herausnehmen und kurz abkühlen lassen. Die Form kippen und den Kuchen hinausgleiten lassen. Zum Servieren mit reichlich Puderzucker garnieren.

PANETTONE

Für 2 *Stück*

Für den Vorteig
30 ml lauwarmes Wasser
1 EL Honig
10 g frische Hefe
40 g Manitobamehl

Für den ersten Teig
120ml lauwarmes Wasser
120 g Zucker
2 Eigelb (Größe M)
60 g zerlassene Butter
175 g Weizenmehl (Type 405)
175 g Manitobamehl

Für den zweiten Teig
150 g Rosinen
1 Eigelb (Größe M)
20 g Zucker
1 TL getrocknete Orangenschale
1 TL gemahlene Vanille
60 g weiche Butter
50 g Weizenmehl (Type 405)

Außerdem
Mehl für die Arbeitsfläche
1 Panettoneform (750 g Fassungsvermögen)
Butter für die Form
2 Holzsspieße
Puderzucker zum Verzieren

Die Entstehung des berühmten ***Panettone*** *ist von vielen Legenden und Anekdoten umgeben, doch einiges darunter ist nachweislich beurkundet: Der Koch, der am Hof von Ludovico il Moro Sforza beschäftigt war, wurde einst beauftragt, ein königliches Weihnachtsmahl zuzubereiten, zu dem viele adelige Familien eingeladen waren. Das Dessert vergaß er im Ofen, sodass davon nur Asche übrig blieb – che disastro! Toni, der schlaue Küchenjunge schlug vor, spontan aus den Restbeständen etwas zu zaubern. Der Koch, für den es um Kopf und Kragen ging, sagte zu und erwartete gespannt die Resonanz der Herrschaft. Was soll man sagen – sie waren begeistert: Toni hatte ein einfaches, aber köstliches Brot mit Sultaninen, Zitronenabrieb, Butter und Eiern angefertigt. So wurde aus dem „Pan del Toni" der heute bekannte Panettone! Im Ausland wurde der Panettone jedoch erst zum Ende des 18. Jh. bekannt, als der Governeur von Mailand während der österreichischen Besatzung jedes Jahr zu Weihnachten höchstpersönlich einen Panettone an Fürst von Metternich übergab.*

ZUBEREITUNG:

Für den Vorteig Wasser und Honig in einer Schüssel miteinander vermengen. Hefe hineinbröckeln und so lange mit einem Löffel verrühren, bis sie sich gut aufgelöst hat. Das Mehl hineingeben und vermengen, bis sich eine glatte Masse ergeben hat. Die Schüssel mit Folie abdecken und im geschlossenen Backofen für 30 Minuten ruhen lassen.

Für den ersten Teig Wasser und Zucker in eine große Schüssel geben und mit einem Löffel vermengen, bis sich der Zucker aufgelöst hat. Vorteig hinzugeben und alles vorsichtig miteinander verrühren. Eigelbe hinzugeben und immer weiterrühren, bis sie sich vollständig mit dem Teig verbunden haben. Nun die geschmolzene Butter hinzugeben und sachte weiterrühren.

Die Mehle in einer Schüssel miteinander vermengen. Nach und nach drei Viertel des Mehls zum Teig geben und mit den Händen kneten. Der Teig wird fester, je mehr Mehl hinzukommt, klebt anfangs aber noch stark an den Fingern. Wichtig ist, immer weiter zu kneten. Die Arbeitsplatte mit Mehl bestäuben, den Teig darauf geben und auch von oben mit Mehl bestäuben. Nun immer weiter kneten und zwischendurch mit Teilen des restlichen Mehls bestäuben. Beim Kneten vorwärts- und rückwärts rollende Bewegungen machen, damit er nicht zu sehr an der Arbeitsplatte kleben bleibt. Der Teig wird nun sukzessive immer elastischer und sollte nach etwa 15 Minuten schön glatt und homogen sein.

» *Weiter geht's auf der nächsten Seite.*

Den Teig nun zu einer Kugel formen, in eine Schüssel geben, mit Folie sowie einem Geschirrtuch abdecken und 2 Stunden im geschlossenen, ausgeschalteten Backofen gehen lassen.

Die Rosinen mit Wasser bedecken und beiseitestellen.

Eine neue große Schüssel verwenden. Den Teig nach der Gehzeit in die Schüssel geben. In der Mitte eine Mulde formen. Für den zweiten Teig, Eigelb, Zucker, die getrocknete Orangenschale sowie die Vanille in die Mulde geben und alles mit den Händen verkneten. Der Teig wird dadurch wieder recht klebrig. Die Butter in kleinen Stückchen nach und nach zum Teig geben und immer weiter kneten. Durch das Kneten löst sich die Butter auf und vermengt sich mit dem Teig, der nun wieder sehr weich ist.

Nach und nach in kleinen Portionen immer etwas Mehl über den Teig streuen und weiter kneten. Sobald er etwas fester wird, die Arbeitsplatte mit etwas Mehl bestäuben und den Teig darauf geben. Mit etwas Mehl bestäuben und weiter kneten, dabei erneut vorwärts- und rückwärts rollende Bewegungen machen. Nach einiger Zeit wird der Teig wieder schön elastisch.

Wenn es so weit ist, den Teig etwas flach drücken. Rosinen mit der Hand gut ausdrücken und portionsweise in den Teig geben, mit 1 kleinen Handvoll Mehl bestäuben und in den Teig kneten. So weiter verfahren, bis alle Rosinen aufgebraucht und im Teig verarbeitet sind. *Attenzione:* Dabei ist es wichtig, die Rosinen wirklich gut auszupressen und ggf. auch die Hände abzutrocknen, damit nicht zu viel Wasser in den Teig gelangt!

Den Teig nun zu einer Kugel formen und diese in die gefettete Panettoneform setzen. Den Panettone auf ein Blech stellen und so mit einer Plastiktüte (bzw. mit einem großen Gefrierbeutel) abdecken, dass diese quasi über der Form steht. Das Blech in den Ofen schieben und bei geschlossener Tür für 4 Stunden gehen lassen.

Den Backofen auf 190 °C (Ober-/Unterhitze) vorheizen. Die Plastiktüte entfernen.

Der Panettone ist nach der Gehzeit nahezu bis zum oberen Rand der Form gewachsen. Die Oberfläche nun noch mittig kreuzweise einritzen und das Kreuz an seinen vier Ecken aufklappen. Ein 1 cm großes Stück Butter hineinlegen. Den Panettone im heißen Ofen (Mitte) 10 Minuten backen. Die Hitze anschließend auf 170 °C reduzieren und in 35–40 Minuten fertig backen. Sollte der Panettone oben zu dunkel werden, mit etwas Alufolie abdecken.

Panettone aus dem Ofen nehmen. Damit er nicht zusammenfällt, zwei Holzspieße 3 cm vom Boden entfernt parallel zum Boden der Form durch den Panettone stechen. Der eine Holzspieß wird dabei eher im linken Drittel, der zweite eher im rechten Drittel angesetzt. Mithilfe der Holzspieße den Panettone drehen und in ein hohes Gefäß, z. B. einen Topf, hängen. So wird er durch die Holzspieße gestützt und kann auskühlen. Anschließend wieder umdrehen, mit Puderzucker bestreuen und möglichst frisch servieren.

PANGIALLO ROMANO

Für 1 Brot

Für den Teig

100 g Zartbitterschokolade (70 % Kakaogehalt)

100 g Honig

abgerieben Schale von je 1 Bio-Zitrone und -Orange

100 g Rosinen

40 g gemischte kandierte Früchte

75 g gemahlene Mandeln

75 g gehackte Walnusskerne

75 g gehackte Haselnusskerne

40 g Pinienkerne

75 g Weizenmehl (Type 405)

Für die Safrankruste

Safranfäden

2 EL Weizenmehl (Type 405)

2 EL Öl

Ein typisches Brot aus Rom für die Weihnachtsfeiertage ist das **Pangiallo**, *ein Brot mit goldgelber Kruste, die an die länger werdenden Tage nach der Wintersonnenwende erinnert. Das Rezept ist fast so alt wie die ewige Stadt selbst und ist Dank der reichhaltigen Zutaten ein echter Gaumenschmaus für die kalten Wintertage!*

ZUBEREITUNG:

Den Backofen auf 180 °C Grad (Umluft) vorheizen.

Für den Teig die Schokolade grob hacken und über dem Wasserbad oder in der Mikrowelle schmelzen. Zusammen mit allen weiteren Zutaten in einer Schüssel miteinander vermengen und mit den Händen zu einem Teig kneten. Auf ein mit Backpapier belegtes Blech geben und zu einem ovalen Leib formen.

Für die Safrankruste 1 Prise Safranfäden im Mörser zerstoßen. Mit 1 EL Wasser vermischen. In eine kleine Schale geben und mit den restlichen Zutaten vermischen. Sollte die Konsistenz zu fest sein, 1 weiteren EL Wasser dazugeben.

Den Nusslaib mit der Safranpaste gleichmäßig bestreichen. Anschließend im heißen Ofen (Mitte) ca. 30 Minuten backen. Herausnehmen und abkühlen lassen. Vor dem Anschneiden den Kuchen ca. 2 Stunden ruhen lassen, da er sonst beim Anschneiden leicht zerbröselt.

OSTIE RIPIENE MOLISANE

Für 10–15 Stück

40 g Honig

160 g ganze Mandeln

1 EL kandierte Orangenschale

2 EL Zucker

1 TL gemahlener Zimt

30 Backoblaten (Ø 7 cm)

Für diese Weihnachtsspezialität aus Molise fing man bereits im November mit den Vorbereitungen an: Jung und alt arbeiteten jeden Abend bei Kerzenschein daran, die unzähligen Walnüsse zu knacken – kein Radio, kein Fernseher, nur die Stimmen der eigenen Lieben, das Geräusch des Nussknackers und das Knistern der Walnussschalen, die immer wieder eine neue Flamme im Kamin entfachten. Der weiße Teig für die Oblaten wurde auf das heiße Eisen gegeben und über der glühenden Kohle gebacken – aber nur ganz kurz. Eine noch viel noblere Sache war die Zubereitung der Füllung, die traditionell in Kupfertöpfen gekocht wurde! Hier stelle ich Ihnen eine ganz einfache Variante mit Mandeln statt Walnüssen vor, die Sie lieben werden!

ZUBEREITUNG:

Den Honig vorsichtig erhitzen, dabei aufpassen, dass er nicht anbrennt. Anschließend die Mandeln hinzufügen und umrühren. Kandierte Orangenschale, Zucker und Zimt hinzufügen und alles gut verrühren.

Jeweils einen 1 EL der Mandelmasse auf eine Backoblate geben. Mit einer weiteren Backoblate bedecken und behutsam zusammendrücken. Mit den weiteren Oblaten ebenso verfahren, bis die Mandelmasse aufgebraucht ist. Anschließend gut trocknen lassen.

TORRONE

Für 1 Lage (15 x 30 cm)

120 g geschälte Haselnusskerne

120 g geschälte ganze Mandeln

195 g Zucker

60 ml Wasser

110 g Honig

1 Eiweiß (Größe L)

Salz

2 große Lagen Backoblaten (alternativ Reispapier)

Bereits zur Zeit der Römer hergestellt, verdankt diese berühmte italienische Spezialität ihren Namen dem Röstverfahren der darin enthaltenen Mandeln und Haselnüsse (lat. „torrere" bedeutet rösten). So richtig bekannt wurde der ***Torrone*** *(der damals lokal noch „Cupeta Beneventana" genannt wurde) allerdings erst im 19. Jh., als die königliche Familie der Bourbonen ihn zum Weihnachtsgebäck Süditaliens schlechthin machte. Dank der Zutaten ländlicher Herkunft galt er schon immer als „demokratische" Süßspeise – köstlich für den Adel, bezahlbar aber auch für die weniger Privilegierten. Nun zu der Frage aller Fragen: weich oder hart? Nach der Tradition aus Benevento, sollte Torrone weder hart noch weich sein, sondern fest und zugleich zartschmelzend – sehr demokratisch, nicht wahr?*

ZUBEREITUNG:

Den Backofen auf 180 °C (Umluft) vorheizen. Die Nüsse auf ein mit Backpapier ausgelegtes Backblech geben. Das Blech in den Ofen schieben und die Nüsse so lange rösten, bis sie anfangen zu schwitzen. Das dauert etwa 10–15 Minuten. Das Blech aus dem Ofen nehmen.

180 g Zucker und Wasser in einen Topf geben und erhitzen. Honig in einen zweiten Topf geben und ebenfalls erhitzen. Beides zum Schmelzen bringen, bis es leicht köchelt. Der Honig wirft dabei Blasen. Das Gleiche gilt für den Zucker, bei dem die Blasen etwas kleiner ausfallen. *Attenzione:* Der Zucker soll geschmolzen und flüssig sein, aber auf keinen Fall karamellisieren!

Während Zucker und Honig schmelzen, das Eiweiß mit 1 Prise Salz in eine Schüssel geben und mit dem Handrührgerät so lange steif schlagen, bis beim Umdrehen des Rührgerätes kleine Eischneespitzen stehen bleiben. 15 g Zucker einrieseln lassen und ein wenig weiter schlagen.

Die Herdplatte ausschalten. Den Honig 1 Minute abkühlen lassen und nun in einem dünnen Strahl in den Eischnee laufen lassen. Dabei mithilfe des Handrührgerätes auf niedriger Stufe den Honig unterrühren. Nun den flüssigen Zuckersirup ebenfalls in einem dünnen Strahl in die Masse hineinlaufen lassen und dabei für weitere 5 Minuten mit dem Handrührgerät schlagen. Die Masse ist dann zwar fest, aber auch sehr klebrig und zähflüssig.

Die Nüsse noch warm in die Masse geben und mit einem großen Löffel gut unterrühren.

Nun in einer Auflaufform eine Lage Backoblaten auslegen und die Masse darauf verteilen. Anschließend mit der zweiten Lage abdecken und diese etwas festdrücken. Die Auflaufform in den Kühlschrank stellen und den Torrone für 2–3 Stunden fest werden lassen. Nun nach Belieben in Streifen oder Stücke schneiden.

CASTAGNELLE BARESI

Für 40 Stück

80 g Zartbitterschokolade (70 % Kakaoanteil)

250 g Weizenmehl (Type 405)

200 g Zucker

25 Backkakaopulver

½ TL Backpulver

1 TL gemahlener Zimt

abgeriebene Schale von je 1 Bio-Zitrone und -Orange

250 g gemahlene Mandeln

80 ml Kaffee (alternativ Wasser)

50 ml Milch (3,5 %)

Außerdem

Mehl für die Arbeitsfläche

Puderzucker zum Verzieren

*Typisch für die Weihnachtszeit in Bari sind die **Castagnelle Baresi**. Mit den Kastanien haben sie trotz der Bezeichnung wenig zu tun, es waren wohl eher die Form und die Farbe, denen sie ihren Namen verdanken. Einfach zuzubereiten und köstlich im Geschmack, bestehen die Castagnelle hauptsächlich aus Mandeln und Kakao.*

ZUBEREITUNG:

Den Ofen auf 180 °C (Umluft) vorheizen.

Die Schokolade grob hacken und über dem heißen Wasserbad oder in der Mikrowelle schmelzen lassen. Mehl, Zucker, Kakao, Backpulver, Zimt, Zitronen- und Orangenschale in einer Schüssel vermischen. Die Mandeln hinzufügen. Kaffee, Milch und geschmolzene Schokolade hinzufügen und mit den Händen zu einem glatten Teig verkneten.

Den Teig fünfteln. Jedes Fünftel auf einer leicht bemehlten Arbeitsfläche zu einem 20 cm langen Strang rollen. Den Strang etwas flach drücken und schräg in etwa 2 cm große Stücke abschneiden, diese sehen dann aus wie Rauten. Die Rauten auf ein mit Backpapier belegtes Backblech geben und im heißen Ofen (Mitte) 15–20 Minuten backen. Die Kekse sind noch etwas weich, wenn sie aus dem Ofen kommen. Davon nicht irritieren lassen, denn sie härten anschließend schnell nach.

Nach Belieben mit Puderzucker bestreuen.

Gold-Silver
ZANETTI
La Forra

REGISTER

ÜBER DIE AUTOREN

Andrea Menichelli wurde in Rom geboren. Als jüngstes Kind einer der führenden römischen Gastronomen-Familien siedelte er 2010 in seine Wahlheimat Bayern um. Als EATALY seine erste Filiale in München gründete, fasste der gelernte Klavierbauer als Pastaproduzent und Kochschulleiter Fuß in der Münchner Gastronomie-Szene. Mit „Das große Italien-Backbuch" erfüllte er sich – zeitgleich mit der Eröffnung seiner Tiroler Pasta-Manufaktur in Erl – den Traum vom ersten eigenen Kochbuch.

Britta Welzer und Svenja Mattner-Shahi sind nicht nur Schwestern, sondern auch Weltenbummlerinnen, deren große Leidenschaft es ist, zu reisen und neue Länder kennenzulernen.

Heute lebt Svenja mit ihrem Mann und ihren drei Kindern in Dublin, während es Britta nach Stuttgart verschlagen hat. Die beiden sind leidenschaftliche Foodies und haben den Instagram-Account @Klara_and_Ida und den dazugehörigen Blog www.klaraida.de gegründet. Als Bloggerinnen und Autorinnen teilen sie dort voller Hingabe ihr Wissen über Foodfotografie und ihre Leidenschaft für alle Themen rund ums Essen, Kochen und Fotografieren.

Klara & Ida